VIE

DE

SAINT FRANÇOIS

DE SALES

PAR

LE PÈRE NICOLAS TALON,

DE LA SOCIÉTÉ DE JÉSUS.

Troisième édition, mise en style moderne,

PAR L'ABBÉ DE BAUDRY.

LYON.

LIBRAIRIE ECCLÉSIASTIQUE DE SAUVIGNET ET C*ⁱᵉ*,
Grande rue Mercière, 55.

1837.

VIE

DE

SAINT FRANÇOIS DE SALES.

La propriété de cet Ouvrage est mise sous la garantie des lois.

LYON. IMPRIMERIE DE CHARVIN.

VIE

DE

SAINT FRANÇOIS
DE SALES,

PAR

LE PÈRE NICOLAS TALON,

DE LA SOCIÉTÉ DE JÉSUS.

Trosième édition, mise en style moderne,
PAR L'ABBÉ DE BAUDRY.

LYON.

LIBRAIRIE ECCLÉSIASTIQUE DE SAUVIGNET ET Ce,
Grande rue Mercière, 55.

1837.

NOTICE

SUR

LE PÈRE NICOLAS TALON, JÉSUITE.

Nicolas Talon, né à Moulins en 1605, s'engagea de bonne heure dans l'état religieux, et après avoir, suivant l'usage des Pères de la Société de Jésus, consacré plusieurs années à l'enseignement des humanités et à la prédication, il employa le reste de sa vie à la rédaction de divers ouvrages de piété. *C'était*, suivant l'abbé d'Artigny (1), un homme d'esprit, d'une imagination vive, un bon écrivain, et d'ailleurs trop éclairé pour chercher à embellir ses ouvrages par un mauvais mélange de faits apocryphes, et par des suppositions romanesques. Il ne s'est pas attaché à refondre en un corps d'ouvrage les mémoires originaux; il s'est borné aux principaux événements, et les a distribués par chapitres; méthode plus aisée pour l'historien, et qui en même temps soulage l'attention du lecteur.

Il mourut à Paris en 1691, à l'âge de quatre-vingt-six ans. Outre une oraison funèbre de Louis XIII et la

---

(1) Nouveaux mémoires d'histoire, etc. tom. 6, art. 90, page 137.

description de la pompe funèbre du prince de Condé (1645, in-4°); on a du père Talon :

1° *L'Histoire Sainte, Paris, 1640 et années suivantes, 4 tomes in-4°.* Cet ouvrage eut un grand succès lors de sa publication, et il a été réimprimé plusieurs fois en divers formats. Il en existe une belle édition in-fol., Paris, Cramoisy, 1665, 2 vol.

2° *L'Histoire Sainte du Nouveau Testament, Paris, 1669, 2 vol. in-fol.* C'est la suite de l'ouvrage précédent ; mais elle ne reçut pas le même accueil, et n'a point été réimprimée.

3° *Les Peintures Chrétiennes*, Paris,

1667, 2 vol. in-8°, ornés de deux cents gravures.

4° *Vie de S. François Borgia*, Paris, 1671, in-12.

5° *Vie de S. François de Sales*. Plusieurs auteurs, et en particulier Charles-Auguste de Sales, avaient déjà donné au public la vie du saint évêque de Genève, lorsque le père Talon en composa une sur un nouveau plan, dans lequel il se proposa pour but principal de réunir les exemples et les préceptes de l'homme de Dieu les plus propres à procurer la sanctification des ames. C'est donc l'ouvrage d'un orateur chrétien, plutôt que celui d'un historien. Il informa de son dessein sainte Chantal qui se réjouit beaucoup de ce qu'un homme de ce mérite allait donner une nouvelle vie de son bienheureux Père. Elle en parle plusieurs fois dans ses lettres avec une grande satisfaction.

Cette vie de saint François de Sales par le père Talon fut mise à la tête de l'édition in-fol. des œuvres de ce Saint, publiée en 1640, et réimprimée en 1661. La vie de S. François de Sales par le P. Talon a été ensuite imprimée à part in-24, en 1666.

Maintenant cet ouvrage était devenu extrêmement rare. On le redonne au public après avoir pris le soin de retoucher les expressions et les tours

x

de phrase qui avaient vieilli. On a retranché aussi la plupart des longues réflexions dont il avait, selon le mauvais goût de son siècle, surchargé ses narrations.

VIE

DE

SAINT FRANÇOIS DE SALES.

PREMIÈRE PARTIE.

CHAPITRE Ier.

L'ALLIANCE DE LA NATURE AVEC LA GRACE DANS SON ENFANCE.

Il est des hommes qui peignent la dévotion sous des couleurs si sombres, et qui lui donnent un visage si plein de sévérité et un air si rébarbatif, qu'elle glace d'effroi quiconque la voudrait aimer. Ils l'exilent de nos maisons, et placent sa statue tantôt sur la cime d'un rocher affreux et entouré de précipices, en sorte qu'on tremble à la seule vue de la route escarpée qui y conduit ; tantôt dans des lieux sauvages et dans des pays éloignés du commerce des hommes, tellement qu'il semble que les habitants des déserts peuvent seuls en approcher.

Mais on doit être bien en garde contre ces descriptions. Il est vrai sans doute que dans l'arène où combattent les disciples de Jésus-Christ, on a vu souvent des échafauds couverts de crêpes lugubres, et des milliers de corps qui nageaient dans des torrents de sang. Néanmoins il faut reconnaître aussi que sur l'autel du souverain Maître l'amour a sacrifié plus de victimes que n'en a immolées la rage des tyrans, et que le ciel n'est pas moins peuplé de saints qui ont vécu au milieu des hommes, que d'anachorètes qui ont passé leur vie dans les déserts.

Dans le fond je ne sais pas ce que l'on

doit admirer davantage, ou une vie extraordinaire semblable à ces torrents impétueux qui, s'élançant du haut des montagnes, courent à la mer d'un pas précipité ; ou une vie commune en apparence, mais sanctifiée par l'amour de Dieu, et qui nous retrace l'image de ces fleuves dont le cours toujours uniforme et paisible aboutit d'un pas tranquille à l'océan. Mon esprit se plaît sans doute dans la vie des premiers, dont les actions extraordinaires me donnent une haute idée de la majesté du Dieu pour l'amour duquel ils agissent ; mais mon cœur s'épanouit et se dilate dans la vie des seconds, dont les exemples provoquent mon imitation et me font sentir combien il est doux et facile de servir le Dieu d'amour. Je vois avec admiration entre les premiers, le plus grand des enfants des hommes, le saint Précurseur, ce solitaire incomparable qui, selon l'expression de notre Seigneur, *est venu ne mangeant, ni ne buvant;*

mais je vois avec consolation à la tête des seconds le fils de Dieu lui-même, notre divin modèle, le sauveur de nos ames, qui *est venu mangeant et buvant*, et qui nous a appris par ses exemples et ses leçons à sanctifier une vie commune par des motifs non communs (1).

Quoi de plus grand que de marcher sur les traces de ce Dieu sauveur! Il n'est aucun siècle de l'Eglise qui ne nous présente un certain nombre de ces imitateurs de Jésus qui ont excellé dans l'art de relever par les motifs les plus sublimes la vie la plus simple et les actions les plus communes; mais le quinzième siècle a eu l'avantage particulier de produire un homme spécialement destiné à attirer les enfants de l'Eglise à cette sainte pratique par ses exemples et par ses leçons.

Il naquit le 21 du mois d'août de l'année

---

(1) Venit Joannes neque manducans, neque bibens. Venit Filius hominis manducans et bibens. (Matt. XI. v. 18 et 19.)

1567, entre les neuf et dix heures du soir, au château de Sales en Genevois, dans les états du duc de Savoie.

Cet homme qui n'a rien eu de particulier que d'avoir toutes les vertus en un degré éminent, et d'être tout à Dieu et tout aux hommes en vue de Dieu, est saint François de Sales, l'honneur de son pays, l'amour de la France, l'ornement de l'Eglise, le modèle des prélats, le miroir de la vie chrétienne, l'image de la sainteté, le père des ames religieuses, un ange en chair humaine, le vrai portrait d'un homme spirituel, et l'évangile vivant.

Ceux qui ont écrit sur la vie chrétienne se sont souvent bornés à tracer des pratiques de piété propres à certains états; et l'on remarque dans les fondateurs des ordres religieux, qui ont été comme les Chérubins du paradis terrestre, qu'ils n'ont eu pour la plupart qu'un esprit propre à leur ordre, et attaché aux règles particulières de leur institut. Mais après eux est venu un Elisée qui a hérité non-seulement du double esprit d'Elie, mais de l'esprit universel de Jésus, pour conduire le chariot d'Israël.

Aussi Dieu le choisit dès le sein de sa mère, et fit ressentir à cette vertueuse dame une sainte inspiration qui la pressait et lui demandait avec un langage muet, et néanmoins intelligible, de conserver au Seigneur ce précieux dépôt qu'elle portait dans ses entrailles.

Comme les voies de Dieu sont impénétrables, nous n'entreprendrons pas d'expliquer d'où viennent cette élection gratuite, et ces faveurs célestes que l'on ne peut pas avoir méritées, même par les désirs. Nous reconnaîtrons seulement, comme un fait incontestable, qu'il y a des hommes à qui Dieu semble avoir donné, avec la vie terrestre, les titres de la gloire future, et les arrhes du bonheur éternel, en les plaçant, ainsi qu'Adam, dans une espèce de paradis terrestre, en sorte que l'innocente prison où la nature nous enferme quelques mois avant notre naissance, n'est pour eux qu'un palais d'honneur, à cause des saintes dispositions de la femme forte qui les porte dans ses bénites entrailles.

Telle était la pieuse Françoise de Sionnaz, mère de notre Saint. On ne la vit point, comme tant d'autres femmes, occuper son imagination de l'avenir terrestre de son enfant, et prévoir de loin les moyens de le pousser dans le monde et de lui procurer une grande fortune dans ce lieu d'exil.

Elle nourrissait des desseins bien plus nobles, et elle avait une ambition plus pure et plus sainte pour celui qui devait être l'aîné de sa maison. Les hommes du siècle auraient dit unanimement que c'était à lui à soutenir et à perpétuer sa famille, qu'il devait faire fleurir le nom de ses aïeux et l'honorable souvenir d'une des plus anciennes et des plus nobles maisons de la Savoie. Mais elle, au lieu de le destiner au monde et à la cour, le consacra tout entier à Dieu lorsqu'elle le portait dans son sein. Ce fut dans l'église de Notre-Dame d'Anneci, où le duc de Savoie avait fait transporter le saint Suaire à l'occasion de quelques princes et princesses qui avaient désiré cette faveur, et où la mère de notre Saint, conduite par sa piété, s'était rendue pour honorer ces sanglantes reliques et ce sacré linceul où fut enseveli l'auteur de notre vie et de notre salut.

Dieu eut agréable l'offrande de ce petit Samuel; et on eût dit que la grâce voulait prévenir la nature; car l'enfant vint au monde à sept mois, comme si le terme ordinaire eût été trop long, et comme si ce fruit eût été déjà mûr avant sa saison.

Ceux toutefois qui jugent ordinairement du succès par les apparences extérieures, eurent sujet de croire que cet enfant ne vivrait pas long-temps, tant il était d'une complexion délicate et débile! Mais Dieu qui se sert des choses les plus faibles pour faire éclater sa puissance, et qui change la cendre et la poussière en or et en diamant, avait choisi ce roseau qui paraissait si fragile, pour en former une colonne de l'Eglise.

On ne peut pas d'ailleurs désirer plus de soins que n'en prirent ses parents pour la conservation de cet enfant; ils le mirent même dans du coton l'espace d'une année entière, à cause qu'il était si délicat, qu'on ne pouvait le toucher sans lui blesser la peau.

Du reste tout annonçait que Dieu avait de hauts desseins sur cet enfant, et qu'il lui avait donné un naturel propre aux grandes choses. C'est ce qui parut dès sa plus tendre enfance, mais principalement dès qu'il eut atteint l'âge de la raison; car toutes ses inclinations étaient si douces et si portées à la piété, qu'à le voir seulement, on reconnaissait dès ce temps-là qu'il était né pour la vertu, et que Dieu lui avait donné toutes les qualités du corps et de l'esprit qui peuvent favoriser la sainteté.

C'est un des plus grands avantages, et une des plus illustres faveurs que Dieu puisse accorder à un homme, que de le faire naître de deux époux distingués par leur vertu et leur piété, pleins de sagesse et de prudence, et qui s'appliquent avec soin à l'éducation de ceux auxquels ils ont donné le jour. Car la jeunesse est entre les mains des parents, comme le marbre entre celles de l'ouvrier ; et si celui-ci en polissant et ciselant une pierre dure et grossière, parvient à lui donner les formes les plus agréables, que ne pourront pas sur le cœur sensible et facile des enfants, les soins actifs et vigilants de leurs parents ?

Pénétrés de cette vérité, les père et mère de S. François de Sales n'omirent rien de ce qui pouvait lui donner des habitudes conformes à ses bonnes inclinations. Surtout ils l'élevèrent en l'amour et en la crainte de Dieu, et ils l'éloignèrent de ces occasions dangereuses et de ces compagnies où l'honneur, la piété, l'innocence et toutes les plus précieuses vertus n'ont pas sitôt levé l'ancre pour voguer en pleine mer, qu'elles font presque aussitôt un triste et funeste naufrage.

Ils lui inspirèrent une grande confiance en eux par la bonté qu'ils lui témoignaient; mais cette bonté n'était pas aveugle, et ils savaient employer la sévérité quand elle était à propos, ce qui arriva très-rarement, parce que l'enfant était habituellement très-sage. Ainsi la douceur et les témoignages d'affection étaient ordinairement le seul moyen dont on se servait pour le faire croître et avancer dans les vertus de son âge, et cette conduite était un aiguillon qui le pressait sans cesse de se porter soigneusement à tout ce que désiraient ses parents, et en particulier à l'étude des lettres, à laquelle ils le destinaient.

Ils le mirent au collége d'Anneci, où il apprit bientôt tout ce que l'on y enseignait; ainsi on fut contraint de l'envoyer ailleurs, quoique ses maîtres eussent beaucoup de regret de voir qu'on leur enlevait ce modèle d'innocence, de modestie et de piété; dont l'exemple avait des charmes si puissants, qu'il ne fallait que sa seule présence pour maintenir ses compagnons dans le devoir.

CHAPITRE II.

L'UNION DES LETTRES ET DE LA PIÉTÉ DANS SES ÉTUDES.

Les parents de notre Saint ne négligèrent rien de tout ce qui pouvait contribuer à son éducation. Leur amour pour lui fut toujours très-prudent et bien réglé ; en sorte que malgré le plaisir qu'ils goûtaient à l'avoir en leur compagnie, ou dans quelque collége presque sous leurs yeux, ils firent le sacrifice de se séparer de ce cher enfant, et l'envoyèrent à Paris continuer ses études dans l'académie de cette ville, où fleurissaient les belles-lettres et les sciences.

Sa vertu cependant eût eu bien de la peine à s'y soutenir, si lui-même n'eût prévenu le danger, et si Dieu ne lui eût inspiré de chercher un asile contre les périls qu'il avait prévus. Il avait compris à quels dangers la jeunesse est exposée dans une ville telle que Paris; mais il savait aussi que sur cette mer orageuse il y avait des Iles Fortunées où les vices ne pouvaient presque aborder ; tel était le collége de Clermont, de la compagnie de Jésus, où notre Saint obtint de ses parents la permission de faire ses études. On peut croire que Dieu, par une providence particulière, le conduisit sur cette montagne pour l'éclairer de ses plus vives lumières, et le faire marcher de clarté en clarté jusqu'à la plus éminente vertu. Ce fut en ce lieu, qu'avec une sainte ardeur il se consacra sans réserve au service de Dieu, et s'obligea par serment d'être à jamais le fils et le serviteur de Marie, et de périr plutôt mille fois que de se montrer indigne d'un si beau titre.

Voilà les premiers pas de cette illustre sainteté dont nous allons suivre le cours ; et quoique jusqu'ici il n'y paraisse point de prodige, ni rien qui soit extraordinaire, cependant c'est l'orient d'un astre dont les splendeurs éclaireront toute la France, et qui se couchant dans la nuit du tombeau, laissera plus de clarté que le soleil n'en peut avoir à son lever et même à son midi.

Mais hélas ! où sont ceux qui l'ont vu de leurs yeux, pour nous raconter le détail de ses aimables vertus ? Et que ne puis-je ressusciter les premiers directeurs de son ame et de ses études ? Au moins savons-nous bien que la douceur de son esprit et les attraits de sa piété étaient déjà tels qu'on ne pouvait le voir sans l'aimer. Toutes ses actions étaient un exemple vivant que ses maîtres proposaient sans cesse à l'imitation de ses condisciples.

Ce saint jeune homme témoignait une inclination générale à toute sorte de vertus, mais particulièrement à la miséricorde ; et il avait une si grande tendresse pour les pauvres, qu'il réservait pour eux tout ce qu'on lui donnait pour ses petits amusements. Dès ce temps-là aussi il avait des jours et des heures réglées pour étudier ses affections, afin de les tourner toutes au bien. On remarquait que les jours de congé, pendant que ses compagnons prenaient quelque divertissement, souvent on le trouvait à genoux en quelque endroit écarté, qui récitait son chapelet.

Il étudiait pour lors en philosophie ; et

comme son esprit était occupé d'un ardent désir de s'instruire, après qu'il avait satisfait aux devoirs de sa classe, il allait entendre quelqu'autre professeur, prenant surtout un singulier plaisir à la théologie, comme à la première des sciences et à celle qui nous élève au-dessus des choses terrestres.

Il était de la congrégation de Notre-Dame, et se montrait zélé pour toutes les pratiques d'un pieux congréganiste. En un mot, on peut dire qu'il devint le premier dans les exercices de vertu, comme dans ceux des sciences et des arts.

Il est aussi très-certain que Dieu et la sainte Vierge lui accordèrent dès lors plus d'une fois ces aimables faveurs et ces grâces surabondantes dont il a été tant de fois prévenu.

Il redoutait extrêmement tout ce qui aurait pu tant soit peu blesser la vertu de pureté; c'est pourquoi un jour, comme il était devant une image de Notre-Dame dans l'église de St-Etienne-des-Grès, il renouvela l'offrande de tout lui-même à la Mère et au Fils ; et ensuite, de crainte que ses yeux, ou sa bouche, ou ses mains ne vinssent à trahir son cœur, il en fit un sacré dépôt dans le sein de la Vierge Mère, et il mit sa chasteté à couvert dans cet asile si éminemment pur.

« O Dieu de mon cœur, dit-il, voilà
» ce cœur qui est à vous, voilà tout mon
» amour que je vous offre par les mains
» de votre tendre Mère ! Recevez, ô sainte
» Vierge, cette offrande, conservez ce
» présent, et faites que mon cœur n'ait
» jamais d'amour que pour votre Fils et
» pour vous. »

Au reste, il ne fit pas comme ces anciens idolâtres et ces coupables sacrificateurs de la Grèce, qui se levaient durant la nuit pour ravir à leurs dieux les fruits et les présents qu'ils leur avaient offerts durant le jour; car le sacrifice qu'il fit dura toute sa vie. Aussi, comme en confirma-

tion de sa promesse, et pour marque de la résolution qu'il avait prise d'être éternellement sous la protection de la sainte Vierge, il redoubla de dévotion pour elle. Il l'aimait avec une tendresse si particulière, qu'à peine pouvait-il en parler sans avoir les yeux pleins de douces larmes. On l'a entendu plusieurs fois s'écrier avec un transport amoureux et un respect filial :
« Ah ! qui pourrait ne pas vous aimer,
» ma très-chère Mère, la Reine des cieux
» et la Mère du saint amour ! Ah ! que
» je sois éternellement tout à vous, et
» qu'avec moi toutes les créatures puissent vivre et mourir pour votre amour ! »

Lorsqu'il faisait cette prière, la rougeur qui colorait ses joues manifestait les sentiments de son ame ; et souvent on a remarqué qu'il ne lui était pas possible de retenir les flammes d'un si ardent brasier, et qu'il en paraissait toujours quelque étincelle dans ses yeux et sur son front. Plusieurs même de ceux qui l'ont vu à Paris, et qui ont été compagnons de ses études, ont assuré qu'en le voyant on se sentait ému d'une dévotion particulière. Cela arrivait surtout dans les exercices de la congrégation de Notre-Dame, où il avait un maintien si réglé et où il faisait paraître une piété si touchante, qu'à contempler son extérieur, on ne pouvait pas ignorer ce qui se passait dans son cœur.

Mais que les voies de Dieu sont incompréhensibles ! Tandis que ce pieux jeune homme servait le Seigneur avec tant de fidélité, l'orage succéda au calme dont il jouissait, et il fut agité d'une effroyable tentation, qui lui mettait devant les yeux et dans l'esprit des ombres si épaisses et des appréhensions si horribles, qu'enfin il se laissa presque persuader qu'il était réprouvé, et qu'il serait banni pour jamais de la vue de Dieu.

« Eh Dieu ! où suis-je ? disait-il ; mon
» Dieu ! où irai-je sans vous, et où pour-
» rai-je demeurer si vous n'y êtes ? Ah !

» le Dieu de mon cœur ! quoi qu'il me
» puisse arriver, faites que je vous aime,
» et que je meure plutôt mille fois que
» de vous offenser. Enfin, si mon mal-
» heur est tel qu'il ne doive jamais finir,
» et que je sois du nombre de ceux qui
» seront damnés, que pour le moins je
» ne sois pas de ceux qui vous blasphè-
» meront ! car jamais ni la mort, ni la
» vie, ni tous les tourments de l'enfer ne
» m'empêcheront de vous aimer et vous
» bénir pendant l'éternité. »

Courage, Chrétiens, vous tous qui souffrez pour Dieu, et qui nonobstant vos souffrances persévérez dans la vertu ! Si la justice de Dieu vous épouvante, jetez les yeux sur sa bonté, et appelez de sa justice au trône de sa miséricorde, comme fit notre Saint qui, après avoir soupiré quelques jours, comme dans un abîme de misères, trouva enfin un paradis de consolation en invoquant le nom de la sainte Vierge, et en se jetant entre ses bras qui sont le véritable asile de tous les affligés.

Ce saint jeune homme, qui était devenu plus sec que du bois, et plus jaune que du souci, entra dans une église où il jeta les yeux sur un tableau de cette Mère de pitié : il l'invoqua avec confiance et en même temps il se sentit soulagé. Sa guérison fut si universelle et si miraculeuse, qu'avant même de sortir du lieu où il avait commencé sa prière, son corps reprit son embonpoint, et il lui sembla qu'il sentait des écailles de lèpre qui s'élevaient sur sa peau, et qui ensuite tombaient à ses pieds, en sorte qu'il revint en son premier état, et continua avec un nouveau courage les études auxquelles il s'appliquait.

En même temps Dieu inspira à ses parents de le retirer de Paris et de l'envoyer à Padoue étudier le droit qui fleurissait dans cette université. Il y prit pour directeur de sa conscience un père de la compagnie de Jésus qui reconnut bientôt quel était le trésor que Dieu lui avait confié. Cet homme très-vertueux et éclairé des lumières du ciel, connut les desseins que Dieu avait sur son serviteur, et il lui prédit qu'il serait évêque de Genève, et que le Ciel lui préparait une grande moisson dans ces terres infectées de l'hérésie.

La conduite de saint François de Sales sous la direction d'un si excellent maître, fut une excellente préparation aux intentions du Seigneur sur lui.

Premièrement, il s'adonna à la lecture des bons livres, et surtout du Combat Spirituel qui a armé tant de Chrétiens pour une guerre sainte, et qui les a faits tant de fois triompher du monde et de la chair.

Secondement, il lut avec un soin particulier les pères grecs et latins qui se sont distingués par la solidité de leur science, la beauté de leur éloquence, la clarté et la force de leurs raisonnements.

Troisièmement, il se traça des exercices spirituels et des instructions particulières, avec une ferme résolution de les garder exactement.

Le premier exercice qu'il se proposa, fut celui d'un SOMMEIL SPIRITUEL, par lequel il trouva moyen de donner du repos à son esprit, même durant le jour, comme on en donne au corps durant la nuit. Or ce SOMMEIL consistait à retenir souvent les opérations de son ame, et à prendre soin, lorsqu'elles se répandaient trop sur les créatures, de les rappeler et de les fixer sur la considération de Dieu. Si durant la nuit il s'éveillait, il jetait aussitôt quelques élans vers le ciel, afin que ces soupirs de paix et de piété pussent chasser les tentations qui ont coutume de s'élever en ce temps.

Il se servait des ténèbres extérieures comme d'un salutaire moniteur qui lui rappelait la nuit intérieure des ames, et l'excitait à écarter de la sienne toutes les obscurités qui auraient pu l'éloigner du Dieu de lumières.

Quelquefois, sans dire mot, il ouvrait son cœur et ses oreilles pour écouter le verbe ineffable de Dieu qui ne parle jamais plus clairement que dans le silence.

« Il me semble, disait-il, que j'en-
» tends la voix de mon époux qui vient
» sur le minuit, et qui veut qu'on s'éveille
» pour aller au-devant de lui. Ah ! Epoux
» de mon ame, éclairez les pécheurs
» qui dorment dans leur lit comme dans
» un tombeau, et auxquels le sommeil
» n'est qu'une affreuse image de la mort
» de leur ame. Seigneur, qui jamais ne
» dormez, et dont les yeux, comme autant
» de soleils, veillent toujours pour notre
» amour, faites-nous voir le point du jour,
» et préservez-nous de tomber dans la
» nuit éternelle. »

En même temps il mit par écrit quelques autres pratiques, principalement pour les rencontres et la conversation où sa maxime essentielle était de ne rien faire contre Dieu.

Par l'observation de ces saintes pratiques il s'affermissait tous les jours dans les vertus chrétiennes, et surtout dans une inviolable pureté, dont il donna une preuve éclatante lorsque, dans Padoue, il sortit plus glorieux que Joseph, d'une infâme citerne et des poursuites d'une femme déhontée chez qui d'indignes amis l'avaient conduit par adresse. Une autre fois, dans la même ville, un de ses compagnons lui dressa de nouveaux piéges pour le jeter dans un semblable malheur; mais sa constance remporta une autre victoire, et nonobstant toutes les instances que lui fit cet ami perfide, il conserva toujours la pureté de son innocence.

Hélas ! que de périls dans les compagnies ! que d'écueils dans le monde ! et que de brasiers allumés pour consumer un jeune cœur ! Le secret pour éviter tous ces dangers est de tenir toujours le corps si sujet à l'esprit, et l'esprit si sujet à Dieu, qu'on ne puisse rien faire que par son mouvement.

Or c'était là un exercice habituel de notre Saint, qui tenait toutes les puissances de son ame si bien réglées, que tout y était dans un ordre parfait. La foi, mais une foi vive soumettait à la sainte volonté de Dieu tous les mouvements de son ame; son corps était rangé sous la loi de l'esprit par une sainte mortification qu'il pratiquait adroitement, avec tant de rigueur néanmoins, que dès le temps même qu'il étudiait dans l'université de Padoue, il ne se passait presque aucun jour qu'il ne portât un cilice, ou pour le moins une ceinture de crin.

Plusieurs ont pensé que ce fut à la rigueur de ses austérités qu'il dut une rude maladie qui le mit à deux doigts du trépas. Les médecins désespérèrent de sa vie, et il ne s'attendait plus qu'à mourir;

alors il supplia très-instamment que son corps après sa mort servît aux chirurgiens pour en faire une anatomie, afin d'être utile en quelque chose après son décès. Mais Dieu lui rendit la santé, et le mit en état d'achever ses études. Peu après il fut reçu docteur à l'unanimité des suffrages, avec l'applaudissement de toute l'université.

CHAPITRE III.

SA CONFORMITÉ A LA VOLONTÉ DE DIEU DANS SA VOCATION A L'ÉTAT ECCLÉSIASTIQUE.

Il n'y a rien de plus humble et néanmoins de plus grand, qu'un cœur qui aime Dieu, et qui n'a point d'autre dessein que de lui plaire ; aussi n'y a-t-il point d'acte plus généreux ni de vertu plus magnanime, que de porter tous ses désirs à la conquête d'un objet qui mérite seul d'être aimé, et il faut être aveugle ou insensé pour rechercher ce qui sera moins durable qu'une éternité.

Le temps a des révolutions trop courtes, la terre est un théâtre trop changeant, et tout ce qui paraît au dehors est trop peu solide pour satisfaire un esprit immortel. Ainsi les plus sages sont ceux qui n'ont d'amour que pour la beauté invisible, et qui dès le commencement de leur vie, suivent les mouvements de la vertu, les inspirations de la grâce, et les lumières saintes qui sont les guides du salut.

Je sais bien que tous ne reçoivent pas des grâces aussi abondantes que saint François de Sales, et que plusieurs marchent avec un voile sur les yeux, et un cœur insensible; mais ils ne doivent pas se décourager, c'est assez d'avoir suffisamment de jour pour connaître et pour aimer ce que l'on doit aimer. Dieu ne manquera jamais d'être propice si l'on veut se laisser aller au cours de sa très-sainte volonté. Or, pour connaître cette volonté sainte, il faut l'étudier soigneusement, et solliciter souvent l'esprit d'intelligence.

C'est ce que fit saint François de Sales, et il apprit qu'il était destiné à l'état ecclésiastique, premièrement par la bouche de son directeur, comme nous l'avons déjà dit, et ensuite par celle de Claude de Granier, évêque de Genève.

Cependant le père de notre Saint suivait d'autres projets, et avait le désir de l'avancer dans le monde ; il ne soupirait qu'après son retour d'Italie pour l'élever à quelque charge, et enfin le marier. Mais Dieu qui conduisait ce jeune Tobie par la main, le mena de Padoue à Rome, et ensuite à Lorette, où son cœur entra dans un ravissement de joie et d'amour, à la vue de cette admirable maison et de ce temple miraculeux qui a servi d'asile et de retraite à la Mère de Dieu. Ce fut dans ce sanctuaire de la Reine des vierges, que notre pélerin renouvela son vœu de chasteté, et qu'il résolut de nouveau de se consacrer entièrement au service de Dieu et de son Eglise.

Lors donc qu'il fut de retour en Savoie, il chercha tous les moyens de mettre à exécution son pieux dessein. Son père voulut qu'il allât à Chambéri pour y être reçu avocat ; ce qu'il fit pour lui obéir, et il y montra tant de capacité et y donna tant de témoignages de science, qu'aussitôt après on lui offrit de la part du duc la place de sénateur.

Dieu néanmoins lui préparait un autre emploi ; et comme il avait destiné d'en faire un vase d'élection comme saint Paul, il voulut lui faire sentir le dernier coup de sa vocation en le renversant de son cheval comme cet apôtre.

Il tomba jusqu'à trois fois, et il remarqua à chaque chûte que son épée s'était mise en croix avec son fourreau ; alors il se tourna tout étonné vers monsieur Déage, homme savant et très-vertueux, qui l'avait toujours accompagné en qualité de gouverneur, et il lui dit : « Ah ! Monsieur, » ceci est une preuve des desseins que » Dieu a sur ma personne, il m'appelle » au service des autels, et il veut que je » quitte un chemin couvert de roses pour » marcher sous l'étendard de la croix. »

Il prit donc une sainte résolution d'aller partout à la suite de la croix, et de mener la vie d'un homme crucifié.

« O mon Jésus ! disait-il, ô mon Dieu » et mon Maître ! que je serais heureux » de pouvoir partager en quelque chose » vos souffrances, et graver au moins » dans mon cœur cet instrument d'horreur » et de supplice que vous avez porté sur » vos épaules pour mon amour ! »

Il s'arma donc de courage ; et après mille combats avec ses parents et ses amis, il parvint à ce qu'il désirait, et obtint le consentement de son père pour prendre les ordres sacrés. Il les reçut peu après, et l'on ne peut exprimer quelle fut sa joie quand il se vit dans cet état si ardemment souhaité, et qu'il porta sur soi les livrées d'un Dieu crucifié.

Ce saint homme ayant été élevé à la charge de prévôt en la cathédrale de Genève, crut que c'était trop peu de porter la croix et les armes d'un Dieu, s'il n'avait des compagnons d'une charge si sainte, et s'il ne faisait tout son possible pour enrôler plusieurs personnes sous ce glorieux étendard. Ce fut le motif qui lui fit instituer une congrégation et confrérie de la croix, destinée à propager la foi, et à élever partout cet aimable et douloureux drapeau sous lequel tous les successeurs de Jésus et de ses apôtres combattent les ennemis de la piété et de la vraie religion; ce sont les armes de l'Eglise; et de quelle vanité que se puissent enfler les conquérants, jamais leur épée n'a fait tant d'exploits et remporté tant de victoires que la croix.

On ne doit donc pas s'étonner si notre Saint qui était né pour la conquête de tant d'ames, prit pour son étendard ce signe de la victoire, et s'il érigea une milice de la croix pour élever partout ce trophée d'amour et d'espérance ; certes si ce puissant cachet n'eût été bien avant imprimé dans son cœur, et si ses triomphes n'eussent tiré tout leur succès de cet arbre de vie et d'immortalité, comment eût-il jamais pu attirer tant de seigneurs et tant de dames de qualité au pied de la croix, pour leur faire ensevelir toutes leurs idoles sous ce térébinthe, dont l'ombre seule avait auparavant coutume de les épouvanter.

Ce n'est donc pas au seul Constantin que le Ciel a montré la croix pour marque de la victoire, mais à tous ceux qui la prennent pour passer les eaux du Jourdain, pour briser les portes de Baza, pour renverser les murs de Jéricho, et pour détruire tous les forts de Babylone. Ce serait bien peu de la porter sur un manipule, sur une étole et sur une chasuble, si, comme saint François d'Assise, on n'en porte quelques stigmates sur le corps, ou bien si, comme son dévot imitateur saint François de Sales, on n'en fait sentir les effets et la force par ses paroles, par ses actions et surtout par sa vie.

Dès le moment que notre Saint eut été consacré à Dieu par l'ordre de prêtrise, il n'eut point d'autres pensées et d'autres affections que de s'unir au souverain prêtre Jésus-Christ, et il disait souvent que la vie d'un bon prêtre était de se faire un avec Dieu, puisqu'il s'incorporait à lui dans le sacrement de l'autel.

Il ne disait jamais la messe que dans les mêmes dispositions et le même état où il eût désiré de mourir et de paraître devant le tribunal de Dieu ; et j'ai appris depuis fort peu de jours, d'une personne qui l'a connu particulièrement, que s'étant rencontré avec lui dans une église où un prêtre venait de dire sa première messe, ils en sortirent ensemble, et quand on fut arrivé sur le seuil de la porte, notre Saint se tourna vers un de ses amis, et lui dit : « O Dieu ! que cet homme est » heureux ! car à présent il ne peut » plus songer qu'à servir Dieu ; et il » lui est presque impossible de pécher. » Alors quelqu'un lui répondit qu'il était encore aussi fragile, et par conséquent aussi sujet à pécher qu'auparavant. A ces mots il témoigna une sainte émotion, et répondit que ceux qui parlaient ainsi ne savaient ce que c'était que d'être prêtre, et de manier et recevoir le corps de J. C. ; sur quoi quelqu'un lui ayant encore dit que tout le monde n'avait pas son opinion et son sentiment, il répondit que cela ne devait pas être regardé comme un sentiment ou une opinion particulière, puisqu'il s'agissait d'un devoir commun à tous les ecclésiastiques, et qu'ils en avaient seulement le nom, s'ils n'étaient pas aussi purs que des anges.

De là on peut conjecturer quelle vie il menait, et quelles lois il s'était prescrites, puisqu'il avait une si haute idée de la sainteté sacerdotale : mais il me semble qu'on pourra encore plus facilement le conclure d'un petit entretien qu'il eut avec une très-sainte ame, qui lui demandait un moyen pour bien communier.

« Ah Dieu ! ma chère fille, lui dit-il,
» eh ! que me demandez-vous ? Ne
» savez-vous pas qu'il faut se rendre
» tout semblable à Dieu pour que Dieu se
» plaise à être dans nous ; et qu'il faut
» vivre comme lui pour vivre et demeu-
» rer avec lui ? Mon Dieu ! ajouta-t-il,
» quand je pense à ce que je vous dis,
» il me semble que mon pauvre cœur va
» se fendre, et qu'il me dit : *Ah ! vive*
» *Jésus ! car je ne veux et ne puis vivre que*
» *pour Jésus. Ah ! mon Jésus ! qui sommes-*
» *nous donc ? et quand serons-nous comme*
» *votre très-sainte Mère qui, vous portant dans*

» son sein, ne vivait que comme doivent vi-
» vre tous ceux qui vous reçoivent dans le
» très-pur et très-auguste sacrement de la
» très-sainte Eucharistie.»

En disant cela, deux ou trois grosses larmes lui tombèrent des yeux, qu'il essuya en s'écriant qu'il pleurait de joie et qu'il lui était impossible de s'en abstenir en un si doux sujet.

Une autre fois, il donna pour maxime à un de ses amis qui désirait recevoir le sacerdoce, de faire toutes ses actions dans le même esprit où l'on devait être lorsqu'on dit la messe, où que l'on communie actuellement ; ce qui était conforme à une autre maxime qu'il avait et qu'il croyait devoir être générale à tous ceux qui sont dans l'ordre de prêtrise, savoir : se disposer insensiblement à ce sacrifice tout le long de la journée. Il réduisait cette maxime en pratique, étant toujours dans une disposition habituelle, et presque incessamment actuelle, de plaire à

Dieu ; de sorte que, comme il l'avoua lui-même, si au milieu de toutes ses occupations on lui eût demandé ce qu'il faisait, il eût pu répondre qu'il se préparait à célébrer la messe.

Il avait toujours devant les yeux d'imiter son divin Maître qui, durant les trente-trois ans qu'il vécut dans le monde, n'avait dans l'esprit que la consommation de ce sacrifice sanglant qu'il acheva sur l'arbre de la croix. Voilà ce qui rendit toute la vie de ce saint homme une vie toute sacerdotale, toute conforme à celle de Jésus souverain prêtre.

CHAPITRE IV.

LE PORTRAIT D'UN PRÉLAT ACCOMPLI DANS LES FONCTIONS ÉPISCOPALES DE SAINT FRANÇOIS DE SALES.

Il importe souverainement que ceux qui gouvernent l'Eglise, aient un cœur et un esprit semblable à celui du Fils de Dieu qui, étant engendré dans le sein glorieux de son Père, n'a jamais paru avec moins de splendeur et moins d'éclat que quand il s'est levé pour se montrer à nos yeux ; aussi est-ce en lui que les prélats doivent chercher la règle de leur vie et le modèle de toutes leurs actions. C'est ce qu'a fait saint François de Sales qui s'est constamment étudié à se rendre agréable à Dieu par l'humilité et les autres vertus dont le divin Sauveur nous a donné l'exemple. Pour cela il avait étudié soigneusement tous les traits de ce divin modèle qu'il s'efforçait de copier en toutes ses actions. Or, puisqu'il fit tout son possible pour en venir à bout, il se jugeait bien indigne de l'épiscopat, et il ne pouvait envisager cette charge sans frayeur. Néanmoins, en cela comme en tout le reste, il ne voulait que la volonté de Dieu.

Il arriva un jour qu'étant en oraison, il fut éclairé d'un rayon du ciel et entendit une voix intérieure au fond de sa conscience, qui lui dit : *Eh bien! François, est-ce donc toi qui dois délivrer l'évêché de Genève de l'invasion des loups et de la morsure de tous ces petits serpents que l'hérésie et les malheurs des temps ont fait naître ?*

Cela l'étonna d'abord ; mais comme il ne considérait autre chose que Dieu, et qu'il était entre ses bras de même que Moïse sur les eaux du Nil, sans autre navire, sans autre voile et sans autre mât que la divine Providence, il répondit à cette voix intérieure : « Ah ! mon Dieu, » vous connaissez mon cœur ! Tout ce » que vous voulez de moi je le veux aussi, » et si vous demandez ma volonté et mes » inclinations, elles ne sont que de vous » obéir. Il est bien vrai que mon désir » particulier serait de n'avoir d'autre » charge que de vous aimer et de ser- » vir tout le monde pour votre amour. » Mais néanmoins je me résous et suis » prêt à faire tout ce que vous désirez. » Tous les honneurs de la terre ne me » seront jamais que des degrés pour » m'élever à vous. »

Ce saint abandon à la volonté de Dieu fut toujours la vertu chérie de son cœur; et c'est ce qui parut bien dans le voyage qu'il fit à Rome, où étant sur le point d'y être examiné pour l'épiscopat, il alla auparavant à l'église de Saint-Pierre, et il supplia Dieu très-instamment que si le choix qu'on avait fait de lui n'était pas conforme à sa divine volonté et au bien de l'Eglise, il lui plût de le remplir de confusion dans l'examen qu'il allait soutenir; mais Dieu confirma au contraire ce choix très-solennellement, car l'homme de Dieu s'étant présenté pour être examiné en présence du pape Clément VIII, de huit cardinaux et de vingt archevêques ou évêques qui étaient accompagnés d'un grand nombre de prélats et de docteurs tant séculiers que réguliers, il répondit à toutes les questions avec une si grande approbation de tous les juges, que le Pape, en étant ravi, se leva de son siége pour l'embrasser cordialement et pour lui témoigner la grande estime qu'il faisait de sa vertu et de son jugement; ce qui étant parvenu aux oreilles de Claude de Granier son évêque, il ne put s'empêcher de dire à ses amis qu'il n'avait jamais rien fait de comparable à l'élection d'un tel coadjuteur.

Mais certes ce n'était pas tant le choix

de ce sage prélat, qu'une providence de Dieu très-particulière qui avait désigné ce Saint pour succéder à son gouvernement; et comme de tout temps la sagesse éternelle a pris soin de secourir son Église, elle accorda à la nécessité du diocèse de Genève et aux soupirs de toute la Savoie ce très-sage prélat.

Après sa réception il retourna en Savoie, où il s'occupa avec un nouveau zèle à faire des progrès dans la vertu, n'omettant rien de tout ce qui pouvait le rendre un instrument propre à servir le prochain. Il savait qu'un homme qui veut enseigner la vertu et instruire les ames, doit avoir lui-même long-temps pratiqué ce dont il veut donner des leçons. Ainsi il ne fut pas comme certains petits flambeaux qui se consument eux-mêmes en éclairant les autres, et comme certaines petites sources qui jaillissent auprès du tabernacle et vont ensuite se perdre au pied des autels.

Mais où est-ce, me direz-vous, que se

forment les astres qui éclairent la terre sans se consumer eux-mêmes ? où est-ce que naissent les fleuves qui arrosent les prairies sans que leurs eaux tarissent jamais ? Je vous réponds conformément aux sentiments de notre Saint, que c'est dans un cœur pur et zélé, et dans un esprit qui ne cherche que Dieu ; c'est près d'un oratoire, aux pieds d'un crucifix, et dans la solitude de l'ame.

C'est là que notre Saint puisa ces aimables clartés et ces eaux salutaires qu'il a ensuite répandues dans toute l'Europe. Il employait la plus grande partie du jour et de la nuit à l'étude et à la prière ; il ne demandait à Dieu ni honneur, ni richesses, mais il s'attachait à correspondre fidèlement à sa vocation. Les grâces qu'il sollicitait de son bon Maître étaient l'accroissement dans la vertu et dans la science, la fermeté dans les tribulations, le zèle pour le salut des ames, et surtout le bonheur de pouvoir, après plusieurs travaux, arroser de son sang les terres sèches et arides de ce diocèse, dont il était déjà coadjuteur.

Voilà quelle préparation il apportait à un si saint et si auguste ministère, lorsqu'il fut obligé de faire un voyage à Paris pour les affaires spirituelles du diocèse de Genève. Il fit bien paraître alors que la vertu n'est pas oisive et que les saints ne sont pas tous appelés à vivre dans les déserts comme les Hilarion et les Antoine, mais qu'il y a aussi des Chrysostôme et des Ambroise qui savent travailler au salut des autres sans négliger le leur, qui ont l'esprit et les yeux assez forts et assez vifs pour soutenir le jour et l'éclat du grand monde sans en être éblouis, et qui sont destinés pour être comme les pères des nations et les maîtres des peuples. Tel était notre saint Prélat, choisi de Dieu pour la sanctification de la France et de l'Eglise universelle autant que pour la sienne propre, et doué de toutes les qualités et de tous les avantages qu'on peut désirer pour être aimé de Dieu et des hommes, en sorte qu'on pouvait dire de lui ce que saint Isidore de Damiette désirait d'un bon ecclésiastique, savoir, qu'il fût placé entre la nature divine et la nature humaine, pour honorer l'une par sa piété, et instruire l'autre par son bon exemple.

En effet, étant arrivé à Paris avec l'intention d'y achever promptement ses affaires pour retourner en Savoie, l'odeur de sa vertu et le bruit de sa sainteté se répandirent tellement, qu'on l'assiégeait de tous côtés, et heureux celui qui pouvait lui parler. Il lui fallut même prêcher plus de cent fois en plusieurs lieux, et il s'en acquitta avec tant de succès et tant de fruit pour ses auditeurs, qu'en sortant de la chaire il était obligé de se placer dans le confessionnal ou d'entrer en conférence avec des gens de toute sorte de qualité, et même souvent avec des hérétiques, sur l'esprit desquels il avait un empire étonnant, en sorte qu'à peine en sortait-il jamais un d'avec lui qui ne fût prêt à quitter son erreur; de là venait que le cardinal du Perron disait souvent que si on voulait lui amener des hérétiques à réfuter et à convaincre, il croyait pouvoir en venir à bout, mais qu'il n'appartenait qu'à monsieur de Sales de les gagner et de les convertir.

Voilà l'un des plus saints et des plus beaux éloges que cet apôtre de la France remporta de Paris; mais encore il me semble qu'on doit plus estimer celui qu'il mérita de Henri-le-Grand qui, après l'avoir considéré soigneusement et avoir examiné plusieurs de ses actions, dit hautement n'avoir jamais vu d'évêque plus sage, plus vertueux, et en un mot plus accompli. En effet, il était un miracle entre les prélats, comme ce prince l'était entre les rois. Ce fut pour cela que plusieurs personnes de mérite et d'autorité firent tout leur possible pour le retenir dans Paris ; mais ce saint homme leur répondit agréablement (en jouant sur la ressemblance des mots *paris* et paradis), que paris était dans et autour de Genève, et que c'était par ce chemin qu'il prétendait aller en paradis.

A peine eut-il achevé ses affaires, qu'il prit congé du roi, et se mit en route pour retourner en Savoie. Il n'était point encore arrivé lorsqu'il reçut les premières nouvelles de la mort du sage et vertueux prélat dont il devait être le successeur. Alors, comme il avait été déjà témoin du misérable état dans lequel était la ville de Genève, on le vit pleurer amèrement tout occupé de cette triste pensée ; et ceux qui étaient à sa suite connurent bien sur son visage et dans ses yeux, que tout son cœur était en émotion pour un sujet si digne de pitié.

Enfin étant arrivé dans la ville d'Anneci, il se retira quelques jours à l'écart, et imitant la prudence des architectes qui ne jettent jamais sur la pierre et sur le bois que les dessins qu'ils ont déjà tracés dans leur esprit, il fit un règlement de vie contenant l'ordre qu'il se proposait de suivre dans toutes ses actions.

Il avait toujours eu une grande confiance aux pères de la Compagnie de Jésus ; c'est pourquoi il voulut faire une confession générale de toute sa vie au père Jean Fournier, recteur du collége de Chambéry.

Ensuite l'an mil six cent deux, le huitième jour de décembre, fête de l'immaculée Conception de la très-sainte et très-pure Mère de Dieu, il fut sacré évêque sur les huit heures du matin, en l'église paroissiale de St-Maurice de Thorens, où il y a sujet de croire qu'il parut aux yeux de Dieu avec la même pureté dans laquelle il était quand il reçut au même lieu le saint baptême.

L'évêque de St-Paul, et celui de Damas, qui assistèrent l'archevêque de Vienne par les mains duquel il fut sacré, dirent à quelques amis, en sortant de la cérémonie, qu'en leur vie ils n'avaient jamais senti plus de douceur en leur ame et plus de piété. L'archevêque consécrateur assura qu'il n'avait pu s'abstenir de mêler quelques larmes de joie à l'huile de la consécration, ce dont l'on ne doit pas s'étonner, puisque celui qui avait été oint de l'huile sainte avait été en même temps rempli d'une clarté divine ; saint François de Sales en effet avait été intérieurement élevé jusqu'au sein de la Divinité, et avait joui d'un entretien mystérieux qui avait occupé ses sens et son esprit sur les trois personnes de la très-sainte Trinité ; l'effet de cette sublime contemplation avait été une vue intérieure, claire et distincte, par laquelle il avait senti opérer en lui spirituellement dans son ame, ce que les évêques faisaient extérieurement sur sa personne.

De plus, il avait vu en même temps la sainte Vierge et les apôtres S. Pierre et S. Paul, qui le prenaient sous leur protection. Aussi pendant près de deux mois après son sacre, il n'avait presque de paroles et de pensées que sur ce sujet ; et il conçut des sentiments de dévotion si doux et si vifs, qu'à peine pouvait-il voir ou toucher le moindre de ses habits épiscopaux, sans être en même temps comme ravi dans un saint transport, en y voyant le vrai tableau de ses devoirs, et une image vive de l'obligation où il était de servir Dieu et le prochain.

Il faut remarquer que ces élans et ces transports n'étaient pas des saillies légères et volages qui meurent en naissant, comme ces fleurs qui ne s'ouvrent aux rayons du soleil que pour se flétrir presque en même temps. Mais ces ravissements et ces extases n'enfantaient que des désirs suivis des effets ; car il sortait de ces élévations, comme un autre Moïse de la montagne, avec un cœur de feu, et un esprit qui ne cherchait que Dieu ; ce qui paraissait assez dans toutes ses actions. Il en parle lui-même dans une de ses lettres en ces termes : « Incontinent » après que je fus sacré, Dieu m'ôta à » moi-même, pour me prendre à lui ; et » ensuite il me tira de ce que j'étais » pour moi, afin que je fusse pour eux. »

« Eh ! comment est-ce, disait-il encore, » que je pourrais vivre sans aimer Dieu ? » Oh ! si mon ame est née, et ensuite ré- » générée dans le sang de mon Sauveur, » ne le doit-elle pas aimer, et n'avoir de » désirs et d'inclinations que pour son » saint amour ? »

Je ne vois pas que les siècles passés aient jamais porté un cœur plus pur et plus aimant ; et certes si l'amour de Dieu a autrefois gravé son nom dans quelques cœurs, l'on peut dire qu'il était dans tout le sien et dans toutes ses actions : c'est de là que naissait en lui un détachement général de toutes les grandeurs et de tous les biens de la terre, qu'il regardait comme de la poussière et du vent. Quel cas faisait-il des plaisirs et des douceurs qui sont les compagnes inséparables de la grandeur et de l'autorité ? On eût cru qu'il avait un corps de fer, et une ame insensible à toutes autres délices qu'à celles de la charité et des diverses vertus. Surtout son ambition était de s'humilier et de souffrir; il disait souvent que c'étaient là les deux bras de la croix de Jésus-Christ, et les deux ailes d'un bon cœur qui y voulait monter.

Figurez-vous aussi combien d'humiliations et combien de travaux il rencontra, traitant et conversant avec toute sorte de personnes ; il y avait des endurcis et obstinés dans le mal, avec lesquels il fallait des ménagements et beaucoup de patience ; il y en avait d'autres moins méchants et plus légers avec lesquels il fallait de la prudence et du zèle. Il s'en rencontrait quelquefois d'un naturel fougueux et d'une humeur sauvage, dont il fallait supporter les manières brusques et chagrines; et lorsque de telles gens s'emportaient jusqu'à lui dire des injures et à le menacer, il fallait ménager leur naturel, et prendre son temps pour s'insinuer dans leur affection et pour les adoucir.

Si quelque pauvre ou quelque affligé venait à lui, on aurait dit à le voir et à l'entendre, que toutes leurs misères et toutes leurs douleurs passaient dans son cœur, tant il leur témoignait d'amour et de tendresse ! Ce qui était cause que plusieurs l'appelaient le père des pauvres, et le refuge général de tous les affligés.

En tout cela l'on voyait bien qu'il ne cherchait point ses propres intérêts, mais ceux de Dieu et du prochain ; aussi partout où il passait, on entendait des cris de joie et des acclamations de tout le peuple qui bénissait ce bon prélat.

Tous les ans sans y manquer il travaillait à la visite de son diocèse, en des temps quelquefois rigoureux, et par des chemins très-difficiles où il marchait souvent à pied ; les paroisses entières s'empressaient de venir en procession pour lui rendre leurs respects et lui témoigner le désir et l'ardeur qu'elles avaient de le voir. Quelle consolation à ce bon père quand il était au milieu de tant de chers enfants ; mais sa joie était bien altérée lorsqu'il pensait au grand nombre d'enfants prodigues qui déshonoraient le caractère d'enfants de Dieu qu'ils avaient reçu dans le baptême. Il s'appliquait à leur conversion d'une manière spéciale dès le commencement de ses visites ; et aussitôt il instituait des prières communes pour obtenir leur retour dans la maison du Père céleste.

Il s'informait soigneusement de la conduite des brebis de sa bergerie, mais surtout de la vie et des mœurs de ceux qui aspiraient à quelque bénéfice ; il ne les donnait jamais qu'au concours, et après une très-longue épreuve de science et de vertu.

Il tenait aussi tous les ans le synode, et voulait expressément que l'on gardât dans tout son évêché les décrets du saint concile de Trente qui y avaient déjà été reçus par son prédécesseur; il voulait savoir quels étaient dans les diverses paroisses les pécheurs et les péchés publics qui pouvaient apporter du scandale à l'Eglise et à son diocèse, afin d'y remédier : le ciel lui avait donné pour cela un talent très-particulier, car les plus débauchés et les plus insolents étaient souvent convertis par ses exhortations.

Partout où il allait on le prenait pour juge des procès et pour arbitre des différends les plus invétérés; en sorte que, prêchant des carêmes entiers à Dijon, à Chambéry et à Grenoble, les plus anciens de ces fameux parlements allaient lui demander conseil. L'archiduc d'Autriche Albert, frère des empereurs Rodolphe et Mathias, et la sérénissime infante d'Espagne, Isabelle sa femme, duchesse de Brabant, comtesse de Flandre et de Bourgogne, lui firent présenter une commission donnée par le Pape à la requête du roi catholique, pour connaître et juger définitivement du différend qui était entre leurs altesses et le clergé du comté de Bourgogne, pour les puits de Salins, de l'eau desquels se fait le sel qui se distribue dans tout le pays, et sur lesquels le clergé prétendait plusieurs droits considérables. Il réussit à terminer ce différend avec tant de bonheur et de succès, que partout où il passait, les peuples de ce diocèse l'appelaient notre saint évêque, et notre bon prélat, comme si en effet il eût été le leur propre. Et vraiment c'était à bon droit qu'ils lui donnaient ce nom, car durant tout le voyage qu'il fit pour cette commission, on eût dit qu'il regardait tous les chemins et toutes les places où il passait comme des pays de conquête, d'où il ne pouvait sortir qu'après avoir gagné des cœurs à Jésus-Christ; en sorte qu'on pouvait très-justement dire de lui ce que disait autrefois saint Ambroise d'un saint évêque de Boulogne :

« Voilà le vrai pêcheur de tous les
» hommes qui n'a pour ses rets que les
» liens de la charité et les appas de la
» douceur et de la patience. Peu lui im-
» porte pourvu qu'il pêche quelques ames
» et qu'il attire quelques cœurs sur le
» port, et qu'il les mette dans la barque
» de son Maître. »

Enfin tout ce qu'on peut dire de plus grand et de plus illustre d'un évêque, était en saint François de Sales, et dans un si haut degré de perfection, qu'on peut conclure avec Henri-le-Grand, qu'il était le parfait prélat, et qu'on ne pouvait désirer pour le bien de la France et de l'Eglise autre chose, sinon qu'il fût en même temps pasteur en plusieurs lieux.

Que si quelqu'un veut encore mêler ses désirs à ceux de ce monarque, il pourra, comme lui, demander quelque part à son amitié ; car ses faveurs sont à présent plus puissantes dans le ciel qu'elles n'étaient pour lors sur la terre ; et s'il pouvait quelque chose alors auprès de Dieu, il peut maintenant obtenir tout ce qu'il voudra de son infinie bonté.

SECONDE PARTIE.

CHAPITRE Ier.

SA VIE COMMUNE.

Nous avons déjà fait observer qu'une vie extraordinaire n'est pas l'unique route qu'on puisse suivre pour parvenir au port du salut, et que la bonté de Dieu a daigné apporter un autre remède à nos maux, en attirant nos cœurs par les appas et les douceurs d'une vertu aimable et facile. Le peuple néanmoins qui n'applaudit jamais qu'à ce qui lui paraît hors du commun, ne fait pas grand état de ce genre de vertu ; il faut des choses plus éclatantes et plus extraordinaires pour le jeter dans l'étonnement ; mais il y a d'autres regards qui en sont les témoins; et c'est assez pour le Chrétien que Dieu soit satisfait de sa conduite, et que les anges s'en réjouissent.

Le caractère spécial de cette vertu douce et aimable est d'être si propre à tous, qu'elle puisse être à la portée de tout le genre humain. En quoi l'on peut assurer avec certitude que notre Saint a réussi parfaitement.

Le moyen qu'il a pris, c'est d'avoir toujours devant les yeux la vie de Jésus-Christ et des apôtres, qui n'avaient rien de particulier dans leurs habits, dans leurs discours et dans leurs actions, et qui étaient cependant les modèles les plus accomplis de la vertu et de la sainteté, puisque Dieu les avait choisis pour réformer par eux tout l'univers.

Quiconque voudra donc savoir comment l'on doit se comporter, soit dans le grand monde, soit dans un ménage privé, pour y vivre avec autant de perfection que l'on pourrait le faire dans une solitude et dans un désert, il doit suivre François de Sales, et mener cette vie commune qu'il a tracée avec des traits si doux et des couleurs si appropriées à nos yeux, que les plus faibles la peuvent pratiquer.

Pour cela il serait à propos d'avoir le portrait de cet aimable Saint dans tous les cabinets, dans toutes les maisons, et au chevet de tous les lits, ou plutôt imprimé bien avant dans le cœur et dans l'esprit, afin de le voir à toute heure, de l'imiter à tout moment, et de pratiquer constamment ses sages conseils.

Les princes y apprendraient que leur puissance et leur grandeur n'a rien d'incompatible avec la sainteté. La noblesse reconnaîtrait que ce saint homme a établi dans la cour et dans le monde, une académie d'honneur et de piété. Tous les prélats auraient un modèle sur lequel ils pourraient se mouler; et tous ceux qui vivent dans l'état ecclésiastique, ou en quelqu'autre condition, y trouveraient les vertus propres à leur état.

Entrons donc, je vous prie, dans le cœur de notre Saint; car c'est là proprement qu'est la source de ses actions et de la vie qu'il a menée.

Ce grand cœur, comme si Dieu l'eût fait l'ame de tous les hommes, était tout à tous ; et pour se mieux accommoder à eux, il avait un visage toujours riant, la voix douce et affable, un habit propre, une table frugale, mais suffisamment servie, une maison bien réglée où tout ressentait une honnête politesse, en sorte qu'il n'y avait chez lui ni trop d'économie, ni rien de superflu, et qu'il pouvait dire avec S. Paul : *Je me suis fait tout à tous, afin de les gagner tous à mon Dieu* (1).

---

(1) Omnibus omnia factus sum, ut omnes facerem salvos. (Cor. 9. v. 22.)

Demandez maintenant à saint François de Sales pourquoi il a vécu dans la vie commune, et sans cet appareil d'austérités qui fait trembler les délicats; demandez-lui pourquoi il allait à cheval et en carrosse, quand on lui en prêtait, ou bien que l'occasion et la nécessité s'en présentait; pourquoi il se trouvait dans des festins; pourquoi sa salle était tapissée; pourquoi il n'allait point nus pieds; et il vous répondra qu'un homme de sa qualité ne devait pas aller dans les rues de Paris et en voyage comme un valet de pied, et que souvent dans le fond d'un carrosse il a gagné des ames qui étaient toutes au monde, et qui n'avaient jamais voulu entendre parler de la vertu; il vous dira qu'il a jeûné souvent dans les meilleures tables, et que souvent il a bu du vin, comme il eût fait du fiel et de l'absinthe; il vous dira que la vertu et la sainteté d'un évêque est assez noble pour qu'il puisse couvrir ses murs de quelque pièce de tapisserie, et qu'au reste pour son habit et sa chaussure, il n'avait pas fait vœu de vivre en Capucin ni en Chartreux, mais comme un saint prélat. Enfin si quelqu'un est aussi curieux que le fut un de ses valets de chambre, il saura que l'on peut porter des ceintures de fer et des haires de crin, sous un habillement ordinaire.

Quand le jour sera venu du grand jugement, où tous les rideaux seront tirés, on verra tous les miracles d'une vie commune; et ceux qui autrefois considérant François de Sales, ont cru que sa vertu n'avait rien qui fût digne d'admiration, seront bien étonnés de voir que ses actions les plus ordinaires ont été comme autant de prodiges, qui ne faisaient de tout le cours de sa vie qu'un miracle vivant.

Et vraiment que peut-on désirer de plus saint et de plus merveilleux, qu'un homme qui n'agissait jamais que par vertu, et en qui il semblait que la grâce eût étouffé tous les désirs et tous les mouvements de la nature? N'était-ce pas une admirable sainteté de vivre dans le monde et dans les compagnies avec autant de pureté qu'eût pu faire un saint Antoine ou un saint Paul dans les déserts? N'était-ce pas une vertu digne d'un religieux, d'avoir consacré son cœur à Dieu et à sa sainte Mère, et de l'avoir toujours conservé aussi pur et aussi chaste que l'eût pu faire un ange incarné? Peut-on se figurer des mortifications plus austères que la pratique qu'il avait de ne rien accorder à la sensualité? Dira-t-on que ce n'est rien de rechercher partout quelque occasion de souffrir?

N'était-ce rien de porter dans un corps mortel un cœur de séraphin qui ne vivait que d'amour? N'était-ce rien d'avoir autant d'ardeur pour le mépris et pour l'humiliation, que les autres en ont pour les grandeurs et pour les vanités? N'était-ce rien d'être pauvre d'esprit, humble de cœur, plein de douceur pour le prochain et de rigueur pour soi-même, et tellement à Dieu qu'il ne faisait rien que pour Dieu, selon Dieu, en Dieu, et par la grâce de Dieu ?

Voilà donc cette vie commune, dont il suffit de dire en général qu'elle a été en lui l'introduction à la vie dévote, l'original de toutes les pratiques du saint amour, et en un mot l'imitation continuelle de Jésus-Christ.

Maintenant il nous faut considérer la vie apostolique de notre Bienheureux, qu'il commença premièrement dans le Chablais aussitôt qu'il fut prêtre, et que dans la suite, étant évêque, il continua jusqu'à la mort, non-seulement dans tout son évêché, mais encore en plusieurs endroits de la France.

Et ici il faut soigneusement remarquer, que dès qu'il prit le dessein d'entrer dans l'état ecclésiastique, son étude la plus ordinaire fut d'unir ces deux vies ensemble, et de faire que la très-douce et très-suave égalité de l'une s'accommodât avec le zèle et le feu divin de l'autre; en quoi il réussit très-heureusement, comme nous allons le voir.

CHAPITRE II

SA VIE APOSTOLIQUE.

Les hommes apostoliques doivent être des soleils qui, sans sortir du ciel, éclairent le monde et échauffent la terre. Voilà le vrai portrait de notre Saint, car aussitôt qu'il se fut consacré au service des autels, il commença comme un soleil vivant et animé, à purifier les uns, à éclairer les autres, et à échauffer tous les cœurs par les traits du saint amour.

Lorsqu'il célébrait la sainte messe, ou qu'il assistait à l'office divin, ou qu'il paraissait en quelque exercice de piété, et principalement quand il était revêtu de ses habits pontificaux, on voyait sortir de ses yeux des regards de sainteté qui étaient si puissants, qu'on se sentait touché de dévotion, et il semblait que tout son cœur était près de sortir par sa bouche, lors même qu'il ne disait mot.

Il savait que la principale charge des prélats et des hommes apostoliques est de travailler sans relâche, et qu'ils ne doivent pas demeurer oisifs et attachés comme autant de flambeaux sur un autel ou sur une table, mais qu'ils doivent agir incessamment comme autant de soleils ; c'est ce qui lui faisait dire : « Non, non, je ne » suis pas né pour moi, et maintenant » que j'ai l'honneur de porter tous les jours » un Dieu entre mes mains, et de le rece- » voir dans ma poitrine et dans mon cœur, » je dois dire comme saint Paul : *Ma vie*

» *n'est plus qu'une vie divine, une vie de*
» *Jésus-Christ* (1). »

« Allons donc, écrivait-il un jour à
» l'un de ses confrères, allons, suivons
» toujours notre bon Maître, et portons
» avec nous l'amour et la connaissance de
» ce grand Dieu. »

A peine eut-il paru dans la Savoie, à Paris et en Italie, que les attraits puissants de sa vertu et de sa sainteté firent qu'un nouveau jour parut luire sur l'Europe ; mais il lui fallut auparavant dissiper les ténèbres qui environnaient le lieu où il avait pris sa première naissance.

Depuis environ soixante et dix ans, les bailliages du Chablais et des pays circonvoisins étaient couverts d'une nuit si épaisse, qu'à peine y avait-il une seule famille qui, semblable à celle de Loth

---

(1) Vivo autem jàm non ego, vivit verò in me Christus. (Galat. 2. v. 20.)

dans la ville de Sodome, professât la vraie religion. Charles Emmanuel, duc de Savoie, résolut de couper la racine de ce mal et de dissiper ces dangereuses vapeurs ; mais, ô Dieu ! qu'il était difficile de trouver des rayons assez forts et assez pénétrants pour dissoudre toutes ces nuées ! qu'il était difficile de trouver un homme qui eût assez de lumière et de chaleur ; c'est-à-dire, de science, de piété et de courage, pour une œuvre si divine ! Claude de Granier, évêque de Genève, jugea très-sagement qu'il n'y avait que notre Saint qui eût en un degré si éminent toutes les qualités nécessaires pour entreprendre un si noble dessein.

Dès que François de Sales eût reçu cette importante mission, il alla droit à Thonon, qui est une ville située proche le lac de Genève, pour y faire entendre sa voix, ainsi qu'un autre Jérémie, sur les bords de Babylone, ou comme un autre Moïse, auprès de la mer Rouge ; en sorte que les Babyloniens et les peuples d'Egypte furent émus au bruit de ses prédications, et plusieurs changèrent de vie ; les autres néanmoins, plus obstinés dans leurs erreurs, firent tout leur possible pour jeter ce Daniel dans la gueule des lions, et tous les jours il y avait quelques complots contre lui.

Cependant ce jeune David attaqua tous ces géants, et nonobstant tous les mauvais desseins que ses ennemis formaient contre sa vie, il prêcha assidument dans la ville de Thonon, qui fut comme le premier champ de bataille sur lequel il combattit. Il y fut d'abord abandonné de tout le peuple, et il n'y eut que sept ou huit personnes qui vinrent à ses prédications et qui demeurèrent fermes avec lui dans cette arche plus battue des flots que celle de Noé sur les eaux du déluge. Mais ce fleuve, renfermé d'abord dans la ville de Thonon, se répandit ensuite dans tout ce pays, et ce ne fut pas sans des travaux et des souffrances inexprimables de la part de cet ange à qui le ciel avait donné les clefs de l'abîme ; car il était jour et nuit tellement occupé, qu'à peine avait-il un moment de repos et de loisir.

Plusieurs l'appelaient comme en un duel de religion, et alors il lui fallait autant de peine pour défaire un ennemi, que s'il en eût eu deux cents. Quelques-uns ne voulaient l'entendre qu'en chaire et en public, craignant d'être surpris en particulier, ou bien n'ayant d'autre dessein que de l'entendre pour tourner ensuite en raillerie ses discours.

Ceux que Dieu avait déjà touchés, lui demandaient des conférences plus exactes, et des instructions pour l'éclaircissement de leur esprit ; en même temps il lui fallait écouter des confessions et faire des visites, où il avait un entretien si doux et si accommodant, que seulement à le voir et à l'entendre on se sentait gagné par Jésus-Christ.

C'était après l'odeur et les parfums de sa douceur et de sa modestie tout-à-fait angélique, que le peuple qui s'attache plus au dehors qu'au dedans accourait de tous côtés, et après qu'il les avait tous assemblés, c'était par l'union très-étroite de son ame avec Dieu qu'il s'accordait à leurs humeurs et à leurs inclinations, afin de les unir dans un même esprit par les liens des mêmes vérités.

Il y avait néanmoins toujours quelques hommes ennemis qui jetaient de l'ivraie parmi le meilleur grain. Les ministres de Berne et du Chabiais voulurent faire de ses efforts contre l'hérésie une affaire d'état, mais leurs clameurs furent inutiles ; car Charles Emmanuel, duc de Savoie, prince très-sage et très-vertueux, nonobstant toutes les plaintes qu'on lui fit, et quoiqu'on le menaçât de tous côtés de quelque remuement, répondit aux députés de Genève et du Chablais, que la cause de Dieu était la sienne propre, et qu'au reste, François de Sales n'avait d'autre dessein que de les convertir et de les rendre tous bons serviteurs de Dieu et de leur prince.

Ce duc le fit venir à Turin, et il voulut apprendre de sa bouche ce que Dieu avait fait par son entremise. Or comme souvent les actions des grands sont suscitées par la divine bonté qui meut leur cœur et leurs pensées pour quelque bonne fin, ce fut dans cette conférence et dans cette entrevue que notre Saint gagna entièrement l'esprit de ce bon prince, et lui inspira le désir le plus ardent de rétablir tous les autels que le malheur des temps avait détruits.

Il est presque incroyable combien notre homme apostolique fit de merveilles dans son séjour, quoique très-court, à Turin, car on le regardait comme un ange venu du ciel ; on eût dit que la cour de Savoie eût été une piscine qui l'attendait pour remuer dans tous les cœurs l'eau salutaire de la grâce ; il y eut même des personnes extrêmement malades et ne sortant pas de leur chambre et de leur lit depuis long-temps, qui trouvèrent des forces pour aller à l'église ou à son logis lui faire une confession générale, et recevoir quelques consolations et quelques avis de lui. Mais comme la moisson qui l'attendait du côté des Alpes était plus importante, il s'en retourna le plus promptement qu'il put à Thonon, avec un pouvoir absolu d'ériger un autel dans l'église de cette ville, pour y célébrer la messe.

Dieu sait quelle fut la terreur des loups et la joie des agneaux au retour de ce bon pasteur. Voilà donc tous les néophites qui courent au-devant de leur maître, et les enfants qui se précipitent aux pieds de leur père, tandis que quelques obstinés jettent contre lui des cris impuissants. Déjà les anges de paix annoncent que Babel tombera bientôt, et qu'on verra l'étendard de la croix arboré dans les lieux où il avait été traîné dans la boue. En effet notre Saint ne fut pas plutôt de retour à Thonon, que cette ville changea presque entièrement de face, et il s'y fit un tel élan de piété, qu'on n'y parlait que de Dieu et des moyens de se sauver.

Le saint Apôtre employait très-fidèlement toutes les grâces que le ciel lui accordait, et afin qu'en travaillant pour le prochain il ne vînt pas à s'oublier lui-même, il avait toujours quelque occupation intérieure, et jamais il n'omettait les actes de piété et les réflexions dont il s'était fait une heureuse habitude. Il était tellement né pour la vertu, et son ame avait une union si étroite avec Dieu, qu'il était continuellement occupé des choses célestes.

Un jour quelqu'un l'ayant prié de lui dire par quel moyen il avait pu se former à cette admirable égalité et à cette présence d'esprit qui paraissait si constamment en toutes ses actions, il répondit que quand on travaillait pour Dieu, et qu'on ne séparait jamais son cœur et ses affections d'un objet si égal et si constant, on ne pouvait jamais changer. « Voilà, » disait-il, le centre de mon ame et le » pôle immobile sur lequel roulent tous » mes désirs et tous mes mouvements. » Après cela que le ciel s'arme, que la » terre et que les éléments se mutinent, » et que toutes les créatures me fassent » la guerre, ce m'est assez que je sois » en Dieu, et que Dieu soit en moi pour » être en paix. »

De là provenait le grand empire qu'il avait sur son entendement, sur sa volonté, et généralement sur toutes les puissances de son ame qui semblaient n'être point sujettes à ces épanchements qui ont malheureusement coutume de nous éloigner de Dieu pour nous attacher aux objets extérieurs ; car il n'y avait point de lieu, ni de temps, ni de compagnie, ni d'occupation qui l'empêchât de méditer et de faire ses exercices de piété ; et même ce qui est d'ordinaire une distraction pour les autres, lui servait de sujet et de motif pour élever son esprit vers le ciel et vers les vérités surnaturelles.

Il ne lui manquait donc rien que de pouvoir en même temps se rencontrer partout, et avoir tout autant de corps, de bouches et de bras, qu'il avait de désirs pour aider le prochain. Mais au défaut de cela, son cœur volait partout, et ceux qui ne pouvaient l'entendre recevaient du moins quelque écrit de ses mains.

Au reste, ne pouvant suffire seul à un ouvrage si immense, il fut contraint d'appeler au secours et de prendre pour compagnons de ses travaux quelques religieux et quelques prêtres, l'un desquels le trouva un jour dans une sainte défaillance où il s'écriait : « Ah ! mon Dieu, arrêtez, » je vous prie, le torrent de vos grâces, » car mon esprit n'est pas capable de » contenir l'abondance de vos douceurs. »

Une autre fois, comme il était occupé de cette même pensée, il fut contraint de se coucher par terre, tant son corps se sentait affaibli; il éprouvait en même temps une sainte ardeur et des flammes secrètes qui lui montaient au visage, d'où ceux qui le voyaient ou qui lui parlaient, conjecturaient facilement ce qui se passait dans son cœur, où l'amour et le zèle étaient comme deux chérubins qui allumaient un brasier si ardent et des flammes si généreuses, qu'en vain il s'efforçait de les retenir au dedans et d'empêcher qu'on ne les aperçût au dehors.

Aussi l'an mil cinq cent quatre-vingt-seize, pendant qu'il prêchait le carême dans le duché de Chablais, plusieurs, même des hérétiques, le vinrent trouver et lui dirent que rien ne les avait touchés plus vivement que les traits de sainteté qu'ils avaient entrevus sur son visage, et qui leur avaient assez fait connaître ses sentiments.

D'ailleurs, Dieu lui avait donné une parole si touchante et un œil si attrayant, avec une certaine majesté si pleine de douceur, qu'aussitôt qu'il ouvrait la bouche ou même qu'il envisageait quelqu'un, on se sentait touché d'amour pour la vertu.

Une dame de Genève qui n'avait que le nom et l'habit de son sexe sans en avoir les vertus, voyant ce Saint dans une compagnie où elle était venue dans le dessein de se donner toutes sortes de libertés, fut contrainte de dire qu'à moins de se crever les yeux, on ne pouvait faire du mal en sa présence; à quoi ce très-saint homme qui avait une vertu condescendante, et qui s'accommodait à l'âge, au sexe, aux conditions, et à tous les états du monde, répondit en riant, qu'il valait mieux fermer les fenêtres que se crever les yeux, et que si ce qu'elle disait était vrai, il eût bien désiré être partout pour empêcher tant de péchés qui se font à toute heure. Cette dame fut si touchée qu'elle le pria ensuite de lui donner quelques moments de son loisir ; et peu de temps après elle se convertit, et elle a mené dès lors une vie très-pieuse.

Voilà ce que fait la douceur quand elle est dans une ame sainte. Il y eut toutefois des personnes de qualité qni se plaignaient de notre Saint, de ce qu'il n'employait pas des paroles assez piquantes quand il traitait avec les hérétiques ; mais il leur répondit que si l'on pouvait guérir une plaie avec de l'huile, c'était une cruauté d'y appliquer du vinaigre.

Quand il fut question de s'employer pour la conversion de Théodore de Bèze, l'un des plus fameux hérésiarques qui aient jamais été, il commença premièrement à travailler sur lui comme l'on fait sur un vaisseau de cristal ; et de crainte de le rompre du premier abord, il le traita avec tant de bonté et de circonspection, que quelquefois cet homme en était tout confus. Il alla plusieurs fois à

Genève par l'ordre du Pape chercher ce ministre, et lui parla avec un zèle et une ardeur capable d'amollir un cœur de pierre; mais il ne put gagner cet esprit indocile qui avait tant de fois étouffé les lumières du Ciel et les grâces de Dieu. Ce ne fut pas toutefois sans un dessein particulier de la providence que ceci arriva ; car de même que le Seigneur laissa à Moïse des Pharaons endurcis pour exercer son zèle, de même il permit que le travail de notre Saint à l'égard de Bèze n'eût pas le succès qu'on s'en était promis ; ce qui doit nous faire bien souvenir que ce n'est point par les succès heureux qu'on doit juger du mérite, mais par les intentions de ceux qui font tout ce qui est en leur pouvoir. C'est ainsi que les deux cavaliers que vit le prophète Isaïe, quoiqu'ils ne remportassent de Babylone que la condamnation de cette ville infâme, à la conversion de laquelle ils s'étaient occupés sans succès, eurent néanmoins l'honneur d'avoir servi glorieusement celui qui les y avait envoyés.

Je conclus que c'est assez à ceux qui servent Dieu, de vouloir ce qu'il veut, et de faire ce qu'ils peuvent pour accomplir ses volontés ; et peu importe qu'on travaille dans un désert et au pied d'un rocher, ou bien dans un jardin et sur une colline, puisque celui qui plante et celui qui arrose ne sont rien, et n'ont de puissance que celle qui leur est donnée par la main de celui qui peut tout. Aussi notre homme apostolique, voyant qu'il avait travaillé en vain auprès de Bèze, sortit du combat avec autant de paix et de tranquillité qu'il y était entré.

En récompense, il sembla que le Ciel lui donna la clef du cœur des autres hérétiques ; et quelques-uns ont remarqué que dès lors il n'a presque jamais trouvé personne qui lui ait résisté fortement ; on a même compté jusqu'à six ou sept mille personnes qu'il convertit en peu de mois autour de Genève.

Quoique cette ville infortunée fît tout ce qu'elle pouvait contre lui, et qu'elle fût comme un donjon d'impiété d'où sortaient tous les jours quelques nouveaux adversaires pour l'attaquer, néanmoins ce grand cœur persista toujours à prêcher comme un autre Jonas aux portes de Ninive. Un jour, un de ses amis lui demanda ce qu'il faisait. « Je sonne, lui dit-il, la » retraite. » *Et où sont vos soldats ?* répliqua l'autre. « Mes soldats ? lui dit-il ; » je n'en avais que sept il y a quelque » temps, et à présent j'en ai mille pour » un, et je n'ai plus besoin que de force » et de temps ; mais celui qui dispose » des temps et qui peut ce qu'il veut, » fera tout ce qu'il lui plaira, et quoi » qu'il arrive, je suis content pourvu » qu'il soit connu et aimé. »

Voilà quelle était sa plus grande ambition ; et j'ai appris, il n'y a pas longtemps, d'une personne qui l'a particulièrement fréquenté, que souvent ce saint homme, principalement lorsqu'il fut sacré évêque, et au temps de ses visites, se réveillait durant la nuit, et s'écriait : « Ah ! mon Dieu, quand serez-vous connu, » et quand est-ce qu'on vous aimera comme » vous le méritez ! »

Il recherchait toutes les occasions de le faire connaître et de porter toutes les créatures à l'aimer. Pour cela il allait souvent dans les prisons. Un jour un de ses amis le trouva qui entrait dans un cachot ; il lui demanda ce qu'il y allait faire. Notre Saint le prit par la main et lui dit en riant : « Allons, monsieur, allons nous » faire prisonniers de Jésus-Christ. » Celui-ci lui répondit qu'au moins il attendît un peu jusqu'à ce qu'on leur eût apporté de la lumière ; alors ce bon prélat alla lui-même au devant de ceux qui lui en apportaient, et prit le flambeau en sa main : quelqu'un le supplia de le donner à un laquais qui les suivait, mais il lui dit qu'il s'en garderait bien, et que peut-être cette lumière lui servirait pour faire mieux connaître Dieu à tous ces pauvres prisonniers qu'il allait visiter.

Mais certes, ses paroles et ses actions répandaient une lumière et une clarté plus vive et plus pénétrante que tous les flambeaux ; car quand il exhortait ces pauvres gens, il se mettait à genoux à leurs pieds, il pleurait avec eux, il essuyait leurs larmes, il vidait en leur faveur toute sa bourse, il leur donnait à boire et à manger, comme une bonne mère eût pu faire à ses enfants ; et ensuite, ayant gagné leurs cœurs, il leur faisait faire des confessions et des actes d'une résignation si grande et si généreuse, qu'on en a vu souvent qui, étant condamnés à la mort, demandaient qu'on accrût leurs supplices et qu'on redoublât leurs tourments, pourvu, disaient-ils, que Monsieur de Genève voulût prendre la peine de les accompagner jusqu'à la mort. Ce qu'il faisait avec tant de douceur, tant de zèle et tant de charité, que tout le peuple y accourait comme à un sermon, et souvent plusieurs des assistants l'allaient prier au sortir de là, de les entendre en confession, et disaient hautement qu'ils seraient bien heureux s'ils pouvaient espérer à la fin de leur vie d'avoir un tel consolateur, et un homme si plein de charité et de dévotion.

C'était aussi l'un de ses exercices d'aller aux hôpitaux et dans les maisons particulières, pour servir les pauvres malades et pour leur apprendre à mourir saintement. Dieu lui avait donné pour cela une grâce si extraordinaire, qu'à l'entendre seulement on était consolé ; et une fois entr'autres, on le supplia d'assister un homme qui était comme désespéré, et qui ne voulait entendre parler ni de confession ni de médecin. Il se hâta d'y aller, et d'abord que cet homme aperçut notre Saint, il lui dit : *Ah ! monsieur, hélas ! que n'êtes-vous venu plutôt !* Et ensuite sortant du lit, et se jetant à ses genoux, il les embrassa fortement, et le pria de ne point le quitter; ce que le Saint lui ayant promis, ce pauvre homme reprit ses esprits; il reçut de sa main tous ses sacrements, et mourut paisiblement; ses dernières paroles furent: *Ah! que Dieu soit béni, qui me fait la grâce de mourir entre les bras de mon bon père et de mon bon Evêque.*

Son secret était, en semblables rencontres, et même avec ceux qu'il conduisait au supplice, de leur gagner premièrement le cœur;

Secondement, de leur faire voir doucement et en peu de paroles, l'importance de se bien préparer, et l'état où ils allaient être après la séparation de leur corps.

Troisièmement, il insistait sur quelque acte de foi qu'il s'efforçait de leur faire prononcer du fond du cœur, comme étant un point d'où dépendait leur salut.

En quatrième lieu, si c'étaient des per-

sonnes qu'on eût condamnées à mort, il leur proposait lui-même la situation d'une ame en même état que la leur, afin que par ce moyen leur confession fût plus aisée, et qu'insensiblement il apprît l'état de leur conscience ; ce qui étant fait, il les aidait en tout ce qu'il pouvait, et ensuite les embrassant tendrement et les tenant entre ses bras ou sur son sein, il leur disait : « Eh bien, voilà le tableau
» de la vie que vous avez menée ; en vé-
» rité, ne voudriez-vous pas qu'elle fût
» plus pure et plus innocente, et n'avoir
» jamais fait cela et cela ? Ah ! que Dieu
» est bon ! Eh bien, en vérité, ne mour-
» riez-vous pas plutôt que de le faire,
» si vous aviez à recommencer votre vie ?
» Ah ! je vous connais maintenant trop
» bien, je répondrais corps pour corps
» et ame pour ame pour vous. Courage
» donc, mes bons amis ; hélas ! de ce
» moment dépend toute une éternité.
» Courage donc, donnons-nous tous à

» Dieu ; jurons-lui ensemble une invio-
» lable fidélité.

» Eh bien ! n'acceptez-vous pas votre
» supplice de bon cœur, et ne donneriez-
» vous pas dix mille vies, si vous les
» aviez, pour expier vos péchés ? Le
» dites-vous de tout votre cœur ? Voyez-
» vous bien, mes chers enfants, tout au-
» tant d'hommes que vous voyez seront
» tout autant de témoins ou pour vous ou
» contre vous, et moi-même qui vous
» aime si tendrement, oui moi-même je
» m'élèverai contre vous : mais non, ce
» sera plutôt pour vous ; car je vois bien
» que vous êtes tout à Dieu, que vous
» n'aimez que lui, que vous détestez votre
» vie passée, que vous lui offrez votre
» mort, et que vous vous consacrez à lui
» pour une éternité. Eh bien ! quittons
» tout de bon cœur, pères, mères,
» enfants, amis, pour son amour. »

Cinquièmement, il leur persuadait de demander pardon, même à ceux qui pouvaient avoir été la cause de leur mort ; et si c'étaient des personnes qui mourussent dans leur lit, il leur faisait régler leurs affaires : et surtout il étudiait s'ils n'avaient point de restitutions à faire, ou pour les biens ou pour l'honneur. Il faisait des réconciliations, il assemblait tous ceux de la maison ; il exhortait les bons à continuer dans la vertu, et les pécheurs à quitter le mal. Il aimait que dans les testaments on se souvînt des domestiques ; et quand ensuite il avait tout réglé pour le temporel, il reprenait ses premiers exercices avec une grande douceur et cordialité, et il n'avait point de conclusion que celle de l'amour et de la contrition, faisant toujours en sorte que ses malades finissent leur vie et commençassent leur éternité par quelque acte d'amour et de contrition.

Or, ce qu'on a toujours le plus admiré en lui dans ces occasions, a été une douceur, une modération et une égalité si grande, que quoi qu'il arrivât, il se trouvait toujours résigné aux volontés de Dieu. Ce n'est pas toutefois qu'avec cette résignation, il n'eût tous les transports et toute l'ardeur d'un zèle apostolique ; car il avait une si grande sensibilité pour les maux d'autrui et surtout les maux spirituels, que plusieurs fois, jetant les yeux sur quelque malade, quelque pauvre, quelque affligé, ou bien sur quelque hérétique, il était contraint de pleurer ; et mille fois il s'est jeté à genoux pour demander à Dieu la grâce de répandre son sang et de donner sa vie pour son prochain.

Il n'entrait jamais dans Genève qu'avec l'espérance et le désir qu'elle rentrerait un jour dans le sein de l'Eglise.

Grand Dieu ! quel spectacle sera-ce quand le monde verra cet homme qui a caché dans des actions ordinaires et dans une vie commune les actions d'un apôtre ? L'eussiez-vous jamais cru en le voyant faire comme les autres, et vivre sans singularité, qu'il mériterait ce titre sublime? Mais avez-vous fait une attention sérieuse à toutes ses actions ? avez-vous contemplé sa conduite et tous ses mouvements? Avez-vous étudié cet ordre immuable de son esprit qui le tenait toujours sous les lois de la raison et de la piété ? N'est-ce donc rien que de quitter tous les plaisirs du monde et tous les avantages de sa naissance ? N'est-ce rien que de consacrer son corps et son esprit à la pureté, sans se laisser l'usage d'un seul regard et d'une pensée qui ne soit aussi pure que les rayons du soleil ? N'est-ce rien que d'avoir un corps, et vivre néanmoins comme un ange qui n'est qu'esprit?

Ajoutez à cela toutes les fatigues qu'il a supportées, sans témoigner jamais aucun mouvement d'impatience. Que l'on interroge tous ceux qui l'ont suivi dans ses visites épiscopales, et durant ses voyages, en des temps rigoureux et par des chemins escarpés qui lui déchiraient les pieds, assurément l'on conclura qu'il a été martyr du saint amour, et que c'est à juste titre qu'on lui a donné le nom d'apôtre.

Les ennemis même de l'Eglise se sont accordés en cela avec les Catholiques; car quand on informa pour sa canonisation, un protestant alla s'offrir pour déposer en sa faveur, et voyant qu'il ne pouvait pas être admis, il s'écria tout haut qu'ayant étudié long-temps toute la conduite et toutes les actions de M. de Genève, il n'y avait jamais rien vu qui ne fût digne d'un apôtre et d'un très-saint prélat. Quelqu'un entreprit de passer plus avant, et de sonder tous les sentiments de cet homme en lui faisant diverses interrogations. Il continua de dire qu'en l'espace de plusieurs années qu'il avait vu ce bon prélat, et qu'il s'était même informé soigneusement de tout ce qu'il faisait, jamais il n'avait pu remarquer autre chose en lui que la réunion de toutes les vertus ; excepté, disait-il, qu'une fois il s'était trompé, lui ayant dit que certainement il embrasserait la Religion catholique. Mais dans la suite cela est arrivé comme le Saint l'avait prédit.

En finissant ce chapitre, je répéterai, que François de Sales, honoré du sacerdoce, commença de conquérir le nom et le titre d'apôtre dans le Chablais. Ensuite étant évêque, il continua dans toute la Savoie, dans tout son diocèse et dans plusieurs endroits de la France, à mériter ce même titre par des travaux continuels, et principalement par ses prédications et par ses visites épiscopales ; et si les forces de son corps eussent pu égaler celles de son esprit, il eût à chaque jour et à chaque moment couru d'un pôle à l'autre pour soulager les affligés et acquérir des ames à Dieu ; car il ne s'épargnait pas pour ce saint objet, et il fit une fois plus de soixante lieues pour confesser un bon vieillard qui l'avait souhaité, et qui lui avait fait savoir par un de ses amis qu'il ne voulait se confesser qu'à lui.

―――――――――

CHAPITRE III.

SA VIE MIRACULEUSE.

On rapporte d'un Chrétien du Japon, qu'étant entré en dispute avec les prêtres d'Amida, et se voyant provoqué à faire des miracles en preuve de sa religion, il leur répondit qu'il croyait n'en pouvoir faire de plus grand que de quitter toutes les espérances du siècle pour suivre Jésus crucifié, et d'être prêt à immoler son honneur et sa vie pour l'amour de son Dieu.

Oui l'un des plus grands miracles de notre Religion, ou pour mieux dire, la fin et l'accomplissement de tous les miracles, c'est de ne vivre ni respirer que pour l'amour de Dieu, et d'être tellement uni à ce divin objet, qu'on ne regarde toutes les créatures que comme de petits ruisseaux qui vont se jeter dans cet océan, et comme des lignes aussi inséparables de ce centre que les rayons du soleil le sont de sa lumière.

C'est là l'état miraculeux dans lequel a toujours vécu notre saint Prélat ; c'est ce détachement universel du monde et de la terre qui le tenait toujours uni à son Dieu et qui rendait sa vie et ses actions un miracle vivant.

Il faut ajouter cependant que Dieu l'ayant placé dans son Eglise non-seulement comme un flambeau pour éclairer, mais aussi comme un astre pour frapper les yeux du peuple, lequel n'admire que ce qui est brillant et éclatant au dehors, sa divine providence lui donna le pouvoir d'opérer les effets surnaturels qu'on appelle proprement miracles ; entre lesquels parut premièrement un don particulier de connaître les cœurs, et d'en pénétrer les secrets les plus intimes. C'est ce qu'on a remarqué souvent dans la conversation de notre Saint, et principalement une fois qu'à Paris, une dame de qualité l'étant allé trouver à la fin d'un sermon, et l'ayant prié de lui dire confidemment ce qu'il pensait de l'état de son ame, il répondit qu'il n'était pas prophète, mais que quoiqu'il ne sût pas qui elle était, il la suppliait de changer de vie, et qu'ensuite toutes les craintes qu'elle avait, et les inquiétudes dans lesquelles elle était depuis trois ans, s'évanouiraient bientôt.

En effet, cette femme lui avoua qu'il avait bien connu l'état de sa conscience, et elle ajouta qu'elle se mettait entièrement sous sa sainte conduite ; ce qu'elle fit si à propos, que peu de temps après elle mourut très-saintement.

Je passe ici sous silence plusieurs exemples semblables, et entr'autres celui de monsieur de Valbonne, président au conseil de Genevois, qui étant allé un jour trouver ce saint homme dans l'intention de savoir son avis sur quelque cas de conscience, à peine fut-il entré, que le saint Evêque, sans attendre qu'il lui en parlât, lui montra dans deux chapitres du livre de l'Amour de Dieu qu'il composait pour lors, le remède à ce qui pouvait le troubler.

N'était-ce pas un grand soulagement à la plupart de ceux qui allaient se confesser à lui, d'entendre de sa bouche le récit de tout ce qui se passait dans leur cœur ? Et n'aurait-il pas fallu être plus dur que les rochers et que le marbre, pour ne point fondre en pleurs avec ce bon pasteur et ce père commun de tous les affligés, qui pleurait d'ordinaire sur ses pénitents, et qui voyant venir à son tribunal quelqu'un qu'il connaissait avoir besoin de componction, le pressait avec des paroles si touchantes, qu'il était impossible de ne point en être ému ?

Mais en travaillant pour le prochain, il ne négligeait pas le soin de sa propre ame : et une des choses qu'il demandait le plus souvent à Dieu était la grâce de se connaître lui-même, et de discerner parfaitement le bien du mal, afin que son ame fût toujours attentive sur elle-même, et qu'en se répandant sur les autres, elle ne vînt point à s'épuiser. Aussi Dieu lui donna si abondamment ce qu'il lui demandait, qu'en s'étudiant soi-même, il apprit cet art merveilleux du discernement des esprits, dans lequel il excellait si fort. Aussi un très-vertueux et très-savant prédicateur lui dit un jour, que certainement l'ange du grand conseil lui avait ouvert le livre des consciences, et que les yeux de ceux qui lui parlaient étaient les miroirs de leurs ames et de leurs secrets.

Surtout il était admirable en ce qu

concernait les vocations du ciel; et je connais une ame très-vertueuse (1) qui, comme une autre sainte Hélène, alla chercher la croix, et commença à mener une vie plus angélique que le nom qu'elle porte, pour avoir seulement reçu un mot d'avis de notre Saint, qui lui mandait dans une lettre que Dieu voulait qu'elle fût religieuse, et qu'elle entrât dans l'ordre de la Visitation; ce qu'elle fit aussitôt, quittant un père et une sœur avec lesquels elle vivait dans une étroite intimité. Elle renonça généreusement à leur compagnie pour se donner totalement à Jésus-Christ, et vivre dans cet ordre où elle est à présent l'une des plus vives images de celui qui, après Dieu, lui inspira de suivre une si sainte profession.

Il est arrivé bien souvent que ce saint

---

(1) Je crois que le père Talon veut parler ici d'Hélène Angélique Luiller, supérieure de la Visitation de Paris.

homme a retenu dans l'état religieux quelques novices qui en voulaient sortir, leur prédisant tout ce qui leur devait arriver.

Un jour, s'étant rencontré dans un monastère où l'on était sur le point de donner l'habit à une jeune fille, il l'empêcha, et lui dit en secret la résolution qu'elle avait de quitter l'habit après qu'elle l'aurait reçu. Souvent il lui est arrivé que, parlant à des personnes séculières, et qui n'avaient aucun dessein d'entrer dans l'état religieux, il leur a dit le temps, l'heure et le lieu où elles y entreraient; ce qui s'accomplissait ensuite très-exactement.

Que si l'on désire des prédictions qui aient eu un plus grand nombre de témoins, qu'on interroge toutes les villes de Savoie, et qu'on s'informe de ce qui arriva l'an mil six cent seize, lors des troubles qui alarmaient tout ce pays; l'on saura qu'au plus fort de l'orage, et lorsque toute la province était presque au désespoir, notre saint Prélat tranquillisa les esprits, et contre l'opinion commune, prophétisa la paix qui effectivement fut conclue au moment où il l'avait prédite.

Voilà quelques effets de ces splendeurs toutes divines dont son esprit était rempli, et dont Dieu le gratifiait quelquefois d'une manière sensible ; comme il fit au jour de son sacre, et lorsqu'étant tout seul dans sa chambre, il vit devant ses yeux une colonne de feu qui, se coupant en deux, se mit à ses côtés.

Une autre fois, ce même esprit de Dieu, qui n'est que feu et lumière, lui apparut comme il était en oraison, ainsi qu'on l'a su par le baron de Thorens qui, étant venu dans sa chambre pour lui parler, et l'ayant trouvé avec des yeux et un visage tout embrâsés, le pria instamment de lui dire ce qui lui était arrivé. Le Saint voyant qu'il était pris, comme l'on dit, sur le fait, et ne pouvant rien dissimuler à un homme dont la prudence et la vertu

lui étaient très-connues, répondit ingénument et confidemment. « Ah ! mon frère,
» où étais-je à présent, et d'où est-ce
» que vous me retirez ? J'étais à deux
» genoux devant mon crucifix, et mon
» esprit était tout occupé de l'excès de
» cet amour qui a été chercher un Dieu
» dans le ciel pour le faire descendre sur
» la terre, le donner aux hommes, et
» l'attacher sur une croix ; lorsque j'ai
» vu tomber sur mon oratoire une boule
» de feu qui, s'étant dissipée en bluettes,
» m'a tellement rempli de flammes et
» d'ardeur, qu'il me semble encore à présent que je vais en être consumé. »

Dieu sait combien de fois la même chose est arrivée à ce grand cœur qui ne vivait que parmi les ardeurs du saint amour ; car les hommes n'ont su que ce qu'il ne pouvait cacher.

C'était sans doute dans de semblables entretiens que notre Saint avait appris cette manière de converser toute divine qui lui donnait un empire si doux et si puissant sur ceux qui lui parlaient ; et c'était nécessairement une main plus qu'humaine qui avait travaillé pour faire de lui un tableau excellent, sur lequel il ne fallait que jeter les yeux pour être porté à la vertu.

L'on sait aussi de la déposition d'un homme qui a vécu dans une estime générale, et qui avait été long-temps son confesseur, que souvent ce saint Prélat voyait sensiblement son ange ; et afin que ce témoignage ait plus d'autorité, il faut savoir que ce confesseur, qui était grand pénitencier et chanoine de la cathédrale de Genève, se voyant à l'article de la mort, dit à son frère qu'il n'avait point d'autre adieu, ni d'autres dernières paroles à lui dire, sinon que Monsieur de Genève était pour sa virginité un saint Jean-Baptiste, et pour son humilité et pauvreté d'esprit un saint Charles Borromé ; et qu'il voyait bien souvent son ange gardien, duquel sans doute il recevait par communication ces admirables clartés et ces ardeurs toutes puissantes qui faisaient un centre de lumière dans son entendement, et une fournaise d'amour dans sa volonté.

Voilà donc quel était l'état miraculeux et la vie surhumaine que menait notre Saint, conversant habituellement avec Dieu et avec le saint Ange que le ciel lui avait donné pour son gardien.

O Dieu! quelles conversations! quels entretiens! et quelle vie! après cela faut-il s'étonner que l'on amenât de tous côtés à ce saint Prélat des malades et des possédés. Souvent on a vu qu'il ne fallait qu'approcher de lui un énergumène pour le délivrer. L'on a compté plus de quatre cents possédés auxquels il avait rendu la paix et la santé.

La grâce particulière que Dieu lui avait accordée pour la délivrance de ces malheureux, était si publique, qu'une dame de qualité lui en envoya un de cent cinquante lieues, lui écrivant qu'elle avait appris de bonne part et de plusieurs endroits, que sa maison était le port de tous les misérables, et un hôtel privilégié.

J'ajouterai encore qu'il semblait que la douceur de son esprit, et la modération de tous ses mouvements, eût un charme secret pour apaiser les plus violents de tous les maux. Une fois entre autres il arriva qu'un prêtre qui était tourmenté depuis long-temps d'une cruelle phrénésie, ayant trouvé moyen de rompre les liens dont on l'avait attaché, courut à Anneci, où Dieu voulait faire voir aux yeux de toute cette ville le pouvoir qu'il avait donné à notre Saint; car à peine eut-il aperçu ce malheureux qui rugissait comme un lion, qu'aussitôt l'appelant à lui, il lui dit doucement que ce n'était pas ainsi qu'on devait agir, et qu'il s'en allât en paix et en santé d'où il était venu; ce que le malade fit, étant parfaitement guéri, au grand étonnement de dix ou douze cents personnes qui en furent témoins.

Ces miracles extérieurs n'étaient pas néanmoins la plus grande merveille de sa vie ; et combien de choses bien plus admirables l'on eût vu, si l'on eût pu pénétrer le fond de son ame, et être témoin des miracles continuels qu'il opérait, menant une vie plus qu'angélique dans un corps humain !

Si donc quelqu'un veut savoir quel est le plus grand des miracles de saint François de Sales, je lui réponds que c'est François de Sales lui-même, et que chaque moment de sa vie a été un miracle particulier. Quel plus grand miracle que de n'avoir jamais rien eu de léger dans sa conduite, rien d'inconstant, rien qui ne fût exactement réglé selon les lois de la justice et de la piété !

Les mouvements de son corps étaient dans un accord si admirable avec ceux de l'esprit, que ce saint homme n'agissait jamais que par les lumières d'une raison sage et judicieuse, éclairée par les splendeurs de la grâce.

Son oraison n'était pareillement qu'un grand miracle, et ceux qui l'ont le mieux connu le comparaient aux ames séraphiques, qui sont dans la nuée de gloire, où l'on ne peut parvenir que par le feu du pur amour, par l'onction du St-Esprit, par la contemplation de la divinité, par le goût des délices du ciel, et par un repos tout divin, où l'ame est tellement arrêtée en Dieu, qu'elle ne vit et n'agit que par l'amour de ce divin objet.

TROISIÈME PARTIE.

CHAPITRE Ier.

SA CONDUITE DANS LA DIRECTION DES AMES.

Ce n'est pas mon dessein de m'arrêter ici sur le choix spécial que Dieu avait fait de saint François de Sales pour en faire la lumière d'un siècle où la vertu semblait avoir un besoin particulier d'être cultivée par cette sage et douce main. Mon intention n'est pas non plus de faire l'énumération des faveurs et des grâces singulières que le ciel lui avait accordées pour le rendre le maître des cœurs, et pour en faire un pilote consommé dans l'art de conduire au port de la vertu les personnes de tout état. Je veux seulement faire voir en général qu'il a eu toutes les qualités d'un excellent directeur ; et pour cela je dois faire remarquer que comme on n'a jamais mieux connu l'esprit et le gouvernement de ceux qui ont été les premiers fondateurs des villes et des empires, que par les lois, et les préceptes particuliers qu'ils ont laissés ; il faut aussi juger de la conduite de saint François de Sales par les règles qu'il a données, et par la marche qu'il a suivie dans le gouvernement de toute sorte d'esprits. Examinons donc avec soin comment cet homme de Dieu agissait avec les diverses personnes qui composent les principaux états de la société.

§ I.

Conduite pour les Ecclésiastiques et pour les Religieux.

L'on peut dire avec vérité que notre Saint a été le vrai portrait et le modèle de tous ceux qui sont consacrés à Dieu par l'onction sacerdotale. Comme il n'avait jamais voulu pour son partage que Dieu seul, et qu'il s'était détaché de tous les intérêts terrestres pour servir le prochain avec un parfait désintéressement, il disait souvent que toutes ses richesses étaient dans son cœur, et que son cœur avait Dieu pour unique bien, mais qu'en Dieu il trouvait tous les hommes, ou pour le moins que c'était là où il tâchait de les amener, et où il voulait les attacher avec lui par les liens du saint amour; afin que dans leur cœur et dans le sien tout fût à l'amour de Dieu.

On l'entendait souvent soupirer dans son oraison et dire : «O Dieu ! ô amour ! » Ah ! mon pauvre prochain ! hélas ! mon » Dieu ! que n'ai-je le bonheur, étant » ce que je suis, et dans un office qui » m'élève au-dessus des Anges et qui » me rend semblable à vous, de pouvoir » maintenant mourir pour vous, et pour

» tous ceux pour lesquels vous êtes mort !
» Ah ! mon Dieu ! que ceux-là sont heu-
» reux qui ont été choisis par vous et ap-
» pelés à la sainte vocation du sacerdoce. »

Considérons ici par quels degrés et sur quels fondements il établit les devoirs de l'état ecclésiastique ; c'est sur l'amour de Dieu et du prochain. Il veut que cet amour soit de la nature de ceux qui sont, ainsi que les échos, engendrés par la parole de Dieu, et par le verbe même qui appelle et qui choisit les enfants d'Aaron pour succéder au sacerdoce ; aussi qui pourrait dire combien il détestait la prudence humaine qui destine aux autels ceux que Dieu n'y appelle pas ? « N'est-ce
» pas, disait-il, un crime énorme de
» consacrer à cet auguste ministère un
» ignorant, un ambitieux, ou un homme
» qui a quelqu'autre imperfection ? »

En effet, qui pourrait verser assez de larmes sur une telle abomination de la désolation dans le lieu saint ! Car si les prêtres sont le sel de la terre, la lumière du monde, des flambeaux placés sur le chandelier pour éclairer les hommes, des villes situées sur la montagne, les colonnes du temple et les arbres de la science plantés au milieu du paradis ; quelle perte pour l'Eglise quand ce sel s'affadit, ces lumières s'obscurcissent, ces flambeaux s'éteignent, ces villes descendent dans le précipice, ces colonnes s'écroulent, ces arbres ne portent pas des fruits de science et d'immortalité !

Aussi S. François de Sales désirait ardemment, comme autrefois saint Denis et saint Chrysostôme, que les prêtres fussent dans le monde comme autant de soleils, et qu'ils se conduisissent à l'égard de leurs inférieurs comme des maîtres avec leurs disciples, des pasteurs avec leurs brebis, et surtout comme Jésus-Christ avec les hommes. C'était à ce divin Pasteur qu'il voulait que les ecclésiastiques se conformassent continuellement;

Jésus-Christ était le tableau qu'il mettait toujours devant les yeux de ceux qui sont consacrés au service de l'Eglise.

Il prenait tous les mois quelques vertus, et tous les jours quelques actions ou bien quelques paroles de ce chef des pasteurs, qu'il méditait avec un soin particulier.

Lorsqu'il tenait son synode, il ne faisait jamais d'exhortation où il n'y eût toujours quelque exemple particulier tiré des divines actions du Sauveur. Ce n'est pas qu'il ne recommandât de considérer aussi les exemples de ceux qui ont vécu saintement, et qui ont tâché d'approcher de ce parfait modèle. Mais en dernier résultat l'Homme-Dieu était toujours le grand objet auquel il voulait qu'un eût soin de tout rapporter, parce qu'un homme qui doit mener sur la terre la vie de Jésus, doit s'occuper sans cesse à contempler les actions de Jésus.

C'est pourquoi il demandait que les

pasteurs fussent des hommes d'oraison, et aimassent la solitude, afin qu'ils méditassent souvent ce divin portrait, et qu'ils se formassent sur cet auguste modèle.

« Allons donc, disait-il un jour à
» quelques bons prêtres, allons, mes
» frères, consulter Jésus-Christ, et ap-
» prenons de lui à bien dire et à faire
» encore mieux; que toutes ses plaies
» soient autant de bouches qui nous en-
» seignent comment il faut souffrir pour
» lui et avec lui; car si la science des
» saints est d'agir et de souffrir, ne se-
» rons-nous pas bientôt saints, agissant
» courageusement et souffrant constam-
» ment pour lui et avec lui?

» Eh! mon Dieu! continuait ce bien-
» heureux Prélat, de quel amour et quel
» zèle ne serons-nous pas embrasés à la
» vue des flammes qui sont dans votre
» sein! quel bonheur et quelle gloire de
» pouvoir être brûlés d'un même feu
» et dans une même fournaise avec vous!

» et quelle joie d'être tous unis par les » chaînes du zèle et de l'amour ! »

Après cela, il avait pour maxime, qu'un bon pasteur devait être dans un état de paix, quoi qu'il pût arriver, et qu'il ne devait pas même se troubler à la vue d'un pécheur obstiné ; mais qu'après n'avoir cessé ni jour ni nuit de travailler à le convertir, il devait dire à Dieu qu'il avait fait tout ce qui était de son devoir, mais qu'il était un serviteur inutile (1).

Ensuite il désirait pour la perfection des prélats, et en général de tous les ecclésiastiques, qu'ils eussent sans cesse devant les yeux le grand vœu qui les lie pour toujours à Dieu, afin qu'ils ne pussent vivre et agir que pour lui et pour le salut du prochain.

Il demandait encore d'eux et principa-

---

(1) Servi inutiles sumus : quod debuimus facere, fecimus. (Matth. 17. v. 10.)

lement de ceux qui ont charge d'ames, ou qui travaillent pour le prochain, comme sont les prédicateurs, les confesseurs, et ceux qui dirigent les autres, que leur gouvernement marchât sur quatre roues, qui sont le zèle, la douceur, la prudence et la science.

Enfin il disait que leur vie devait être irrépréhensible et un miroir de toutes les vertus, afin qu'on pût en les contemplant voir l'état parfait d'une conscience pure et sainte.

Voilà ses maximes par rapport aux ecclésiastiques. Voyons maintenant de quelle manière il dirigeait ceux qui sont dans l'état religieux, ou qui y sont appelés.

Premièrement, quant aux supérieurs, il ne pouvait approuver ceux qui sont trop indulgents à autrui et à eux-mêmes, ni ceux qui sont sévères à autrui et à eux-mêmes, ni quelques-uns qui sont trop indulgents pour leurs inférieurs et rigides à eux-mêmes, et encore moins ceux qui sont indulgents pour eux et sévères pour leurs inférieurs. Mais il voulait qu'ils eussent une douceur qui ne se démentît jamais, une bonté prudente et un zèle rempli de charité et de condescendance, afin que leurs actions fussent un modèle de toute sorte de vertus.

Il ne pouvait souffrir qu'ils admissent quelqu'un qui ne fût pas appelé de Dieu, et il recommandait qu'on étudiât soigneusement les motifs de ceux qui demandaient à être enrôlés dans la sainte milice.

Il désirait dans un inférieur une ame souple et néanmoins hardie et généreuse, afin qu'il se soumît avec courage aux volontés du supérieur; et après cela il voulait qu'il s'abandonnât entre les mains de la divine Providence, et qu'il n'eût plus d'esprit, d'œil et de cœur, que pour aimer et bénir un joug si désirable et si doux. Il recommandait aux religieux le mépris du monde et des honneurs; il pensait que sans ce mépris généreux qu'il appelait très-juste et une source d'innocence, on ne pouvait avoir l'esprit religieux ; car il regardait ce mépris comme le père et le gardien de la parfaite humilité et de la véritable obéissance.

C'était à son avis la plus utile pénitence et la mortification la plus nécessaire à un religieux ; et en parlant sur ce sujet à la bienheureuse sœur Marie de l'Incarnation, qui n'avait pas des désirs moins ardents pour les souffrances, que n'en ont pour les plaisirs les ames vaines et sensuelles, il lui dit que son corps déchiré et brisé par des exercices de mortification, n'était qu'une victime qu'elle immolait à Dieu, comme on sacrifiait anciennement les bœufs et les moutons ; mais que l'esprit d'abnégation de soi-même et d'une inviolable fidélité aux règles était le prêtre qui offrait à tous momens un sacrifice d'agréable odeur, dont le parfum montait jusqu'au trône de Dieu.

Voilà en général quel était l'esprit religieux que recommandait ce saint Prélat; mais comme en chaque communauté il y a diversité d'emplois, il avait aussi des manières de servir Dieu, si particulières pour chacun, qu'à l'entendre parler, on eût cru qu'il avait lui-même passé depuis le plus petit office jusqu'au plus grand. On remarquait aussi que dans les avis qu'il donnait aux religieux, il en revenait toujours à sa maxime favorite, qui était que la prédestination d'un religieux est attachée à l'amour de ses règles et à l'assiduité et ponctualité avec laquelle il s'acquitte de tous les devoirs de son état.

En un mot, il voulait que chacun se sanctifiât en pratiquant fidèlement les vertus que demande le genre de vie et la profession qui lui a été assignée par la Providence ; et si quelques prélats ou quelques supérieurs s'informaient de lui comment ils pourraient s'acquitter saintement de leur charge, et en sauvant les autres se sauver eux-mêmes, il n'avait point d'autre secret à leur dire, sinon qu'ils étaient obligés de remplir leur devoir, et de le faire remplir aux autres avec une grande douceur ; en sorte que leur vie fût plutôt un modèle que leur parole un commandement.

§ II.

Conduite pour la noblesse.

Un jeune seigneur se plaignait un jour à notre Saint de n'avoir aucun goût pour la vertu. L'homme de Dieu lui répondit : « Eh bien ! je suppose que vous ayez une
» grande aversion pour la vertu. Je vous
» assure néanmoins que vous pourrez
» changer de naturel et que, pourvu que
» vous fassiez ce que je vous dirai, vous
» ne rencontrerez point de difficulté à de-
» venir tel que vous devez être, et à

» acquérir une sainteté conforme à votre
» qualité.

» Pour cela je vous prie de vous met-
» tre souvent devant les yeux et de rap-
» peler en votre esprit ce que la très-
» sainte bonté de Dieu a voulu opérer en
» votre ame et par votre moyen, en vous
» donnant des biens, de la faveur et de
» l'autorité. Les princes et les grands sei-
» gneurs ont pour l'ordinaire très-facile-
» ment ce que le simple peuple s'efforce
» d'acquérir avec bien de la peine. Il leur
» suffit ordinairement de vouloir, pour
» parvenir à ce qu'ils désirent. Mais afin
» que leur volonté soit conforme à la
» règle de toute bonne volonté, leur per-
» fection consiste à vouloir seulement ce
» que Dieu veut. Or il est vrai que Dieu
» ne veut autre chose d'un prince, sinon
» qu'en régissant tous ses sujets par la
» crainte et l'amour, il aime et craigne
» Dieu avec une crainte filiale et un amour
» très-pur, très-saint et très-cordial.

» Souvent leur indulgence est une cruauté,
» et leur justice une grande miséricorde.
» Leur exemple est le point d'où dépend
» le bonheur et le malheur du peuple ; et
» pour cette raison ils doivent tous dire
» avec Trajan : *Je dois être tel envers mes*
» *sujets que je désirerais rencontrer un prince*
» *si j'étais sujet.* De même aussi, comme
» chaque seigneur et chaque gentil-
» homme est un petit monarque en sa
» maison, ils ne doivent pas oublier ces
» paroles de l'Apôtre : *Vous qui êtes maî-*
» *tres, faites à vos serviteurs ce qui est juste*
» *et convenable, vous souvenant que vous*
» *avez un Maître au ciel et un roi sur*
» *la terre de qui vous dépendez* (1). Ils ne
» doivent donc pas se conduire chez eux
» comme des lions, rudoyer leurs domes-

---

(1) Domini, quod justum est et æquum servis præstate, scientes quòd et vos Dominum habetis in cœlo.
(Coloss. 4. v. 1.)

» tiques et opprimer leurs serviteurs ;
» mais leur piété doit être généreuse, et
» leur courroux plein de clémence et de
» bonté. C'est leur première leçon, d'où
» ils apprendront à rendre à Dieu et à
» leur Roi les devoirs d'un fidèle sujet,
» et à leurs sujets tous les offices d'une
» puissance qui ne doit s'appuyer que sur
» la justice et sur la bonté. »

Voilà sans doute d'excellents préceptes pour la conduite de tout gentilhomme chrétien ; et si quelqu'un veut savoir plus en particulier les pensées de saint François de Sales sur ce sujet, il doit se figurer une vertu hardie, généreuse, constante, libérale, patiente, courageuse, civile, honnête, affable, obligeante, et telle qu'a été celle de Moïse, de David, d'Ezéchias, de S. Louis, de S. Casimir, de S. Elzéar, du B. Amédée, de S. Maurice, de S. Exupère, et de mille autres princes et seigneurs qui ont vécu dans leur palais et dans le monde avec autant de piété que dans un monastère. Aussi notre Saint disait-il à un grand seigneur de Savoie :

« Mon frère, qu'y a-t-il qui vous em-
» pêche d'être saint, et qu'est-ce que
» vous voulez que vous ne puissiez pour
» cet objet ? Un pauvre peut bien être
» saint, mais un seigneur puissant comme
» vous peut non-seulement l'être, mais
» faire tout autant de saints qu'il a de
» témoins de ses actions. »

C'était aussi une de ses maximes pour les personnes nobles qui vivent dans le monde, qu'afin d'y vivre saintement et en repos, il faut toujours avoir un cadenas sur les lèvres, une clef sur les oreilles, un crêpe sur les yeux, une croix sur le cœur et une épée à son côté. Il voulait dire par là qu'un cœur noble et généreux n'a rien qu'il doive plus appréhender que la facilité à écouter de faux rapports, les mouvements de la colère, les fautes de la langue et tout ce qui peut porter à l'impureté, et enfin qu'un gentilhomme doit être toujours prêt à défendre la cause de son Roi.

Il recommandait souvent aux gentilshommes d'avoir une piété incomparable au service de Dieu, une douceur inaltérable dans le gouvernement, une grandeur d'esprit héroïque dans les entreprises, une patience invincible dans les difficultés, une prudence singulière dans la conduite, et une constante fermeté dans l'exécution.

§ III.

Conduite pour les hommes d'état et les juges.

Saint François de Sales voulait dans un homme d'état et dans un juge les mêmes qualités que Jéthro, beau-père de Moïse, demandait dans les juges du peuple d'Israël, qu'ils fussent sages et craignant Dieu, amis de la vérité, ennemis de l'avarice, et qu'ils jugeassent le peuple en tout temps, non selon leur passion, mais selon la justice (1).

Il leur faut, disait-il, un âge mûr, afin qu'ils puissent parler par expérience et par autorité. Il leur faut de la science, car elle est nécessaire pour le conseil et pour tenir entre les mains le glaive et la balance.

L'injustice, l'intempérance et l'avarice ne doivent, disait-il encore, s'approcher de leur tribunal que comme des coupables ; car autrement ils ne pourraient entendre la voix de la vérité, qui néanmoins doit à toute heure avoir audience, à cause que la terre crie pour elle, le ciel la bénit, les créatures la révèrent; et il ne peut y avoir d'injustice en son ressort, car elle ne fait point acception de person-

---

(1) Provide viros potentes et timentes Deum, in quibus sit veritas, et qui oderunt avaritiam... qui judicent populum omni tempore. (Exod. 18. v. 21 et 22.)

nes, et ses sentiments sont trop généreux pour recevoir quelque présent, à cause qu'ils aveuglent les juges et les rendent muets.

Surtout il requérait une bonne conscience dans les hommes d'état et les juges. Il voulait que les juges eussent toujours devant les yeux que Dieu jugerait un jour leurs jugements, et leur en demanderait un compte rigoureux. Il disait que la bonne conscience instruit les juges à se juger eux-mêmes avant de prononcer le jugement des autres, et qu'elle les empêche non-seulement de faire, mais même de permettre le mal.

Il désirait que la justice fût prudente et adroite, pour agir sagement selon la diversité des temps, des lieux, des personnes, et des affaires. Il demandait qu'elle eût comme une règle entre les mains, pour mesurer tous les points d'une affaire, et pour n'agir jamais par précipitation, afin de découvrir les mœurs, les inclinations et toutes les qualités de ceux qui recourent à elle.

Un homme d'état devait être, selon lui, un homme sans ambition pour les honneurs et les charges, fidèle à ses promesses, adroit dans l'exécution, religieux observateur des commandements de Dieu, vigilant sur la conduite du peuple, sévère en la correction des vices, patient pour souffrir les imperfections, plein de zèle et d'amour pour les personnes de tout état qui s'adressent à lui, et tel enfin que le prophète Samuel qui, après avoir été long-temps le père, le maître, le prince et le juge d'un peuple tout entier, après avoir élu son successeur et quitté volontairement sa charge, pria tous ceux dont il avait été le juge, de servir de témoins de sa conduite, ce qu'ils firent publiquement par un éloge universel de son intégrité (1).

----

(1) I. Reg. 12.

§ IV.

Conduite pour les dames.

Saint François de Sales, peu de jours après qu'il eut été sacré évêque, déclara à son confesseur que Dieu lui avait inspiré un ardent désir de travailler pour le salut des ames, et qu'il avait vu, comme en un tableau, tous les traits et tous les visages de la vertu qui est requise dans chaque condition.

Comme sa vie était une vie commune, et qu'il pouvait, par le moyen de ses instructions, se rendre utile non-seulement aux hommes, mais aux femmes, dont la piété a toujours été la base des états et de la religion, Dieu lui donna une industrie incomparable pour les former aux plus solides vertus, et leur apprendre que l'héroïsme chrétien n'est point incompatible avec la faiblesse de leur sexe et la délicatesse de leur tempérament.

Quelle preuve plus authentique en pourrais-je donner, que cette Philothée qui enseigne tous les jours tant de dames chrétiennes, et leur propose une vertu si douce et une dévotion si agréable, qu'à peine la peut-on voir sans être épris d'amour pour elle ; ce fut ce qui porta une dame très-noble et très-vertueuse à écrire à ce saint Prélat en ces termes :

« J'ai lu six fois depuis un an votre
» Philothée ; je ne sais si sa conversation
» m'a rendue meilleure, mais au moins je
« voudrais bien lui ressembler. J'ai lu aussi
» depuis un mois tout votre Théotime,
» où j'ai appris que l'amour de notre bon
» Dieu n'est pas de la nature de ceux du
» monde et de la cour. Je vais donc tâ-
» cher de mouler ma vie sur celle de votre
» Philothée, et de n'aimer avec Théo-
» time rien que Dieu, ou pour lui, et
» selon sa très-sainte volonté. Je vous
» prie, Monsieur, de m'assister de vos
» prières et de me donner quelques con-

4.

» seils particuliers. Au reste, je ne vous
» ferais pas cette demande, si je n'étais
» très-assurée que Dieu vous a ouvert le
» livre des consciences, et qu'en vous dé-
» clarant mon nom, je vous découvre qui
» je suis et tout ce qui se passe dans mon
» intérieur. De plus, je trouve vos pra-
» tiques et votre dévotion si ajustées à
» mon humeur et à la faiblesse de mon
» sexe, que je ne crois pas que vous
» puissiez rien me commander que je ne
» puisse très-facilement accomplir.

» Je connais plusieurs dames qui ont
» le bien de vivre sous votre sainte con-
» duite, et qui m'ont assurée que Dieu
» vous avait fait naître en ce siècle pour
» nous apprendre la vertu, et qu'il ne
» tiendra qu'à nous d'être saintes, si nous
» voulons suivre les douces lois de votre
» sainteté. Pour moi je vous choisis pour
» mon bon père et mon bon directeur,
» et je vous jure que, voulant être tout
» à Dieu, je me propose d'être votre
» très-chère fille selon Dieu.

» Adieu, Monsieur et très-cher Père,
» et continuez de faire, comme vous com-
» mencez, autant de saintes qu'il y a de
» femmes dans le monde. »

On ne peut rien souhaiter à la fin de cette lettre, que la réponse de notre Saint, où je suis persuadé qu'il renferma tout ce qui peut servir à la conduite spirituelle d'une dame ; mais puisqu'on n'a pas pu la retrouver, il faut se contenter que je réponde à toutes les dames de la part du saint Prélat, et que je leur donne une conduite générale dont tous les points sont ramassés de ses écrits.

Premièrement, comme la dévotion des femmes est fort sujette à l'inconstance, d'abord il tâchait d'affermir leur jugement et d'arrêter leur volonté, afin de les maintenir dans un état de persévérance.

Secondement, il les exerçait plus à la pratique des vertus qu'à la contemplation, et il les faisait long-temps servir Dieu dans la vie de Marthe, avant de les admettre à celle de Marie. Sa maxime était qu'il fallait s'approcher de Jésus avant de s'unir à lui, et qu'il fallait servir un si bon maître, laver ses pieds avec ses larmes et les essuyer de ses cheveux, avant d'être admis sur son sein, et de reposer avec lui dans l'union du saint amour.

Troisièmement, il bannissait tout ce qui peut rendre la dévotion ridicule ou haïssable, et il disait que Dieu et la vertu ne peuvent être dans une ame, sans que le prochain n'en ressente quelque douceur. Cela n'empêchait pas qu'il ne permît de laisser couler les larmes que les yeux ont coutume de verser quand le cœur est rempli du saint amour ; mais il voulait qu'elles coulassent doucement, et ainsi que ce fleuve des Indes qui déborde durant les nuits, et qui au premier retour du soleil s'arrête, ou pour le moins semble n'oser couler qu'imperceptiblement.

La quatrième condition qu'il désirait

dans la vertu d'une dame, était une grande simplicité ; il disait souvent que la finesse était comme une cantharide qui avait coutume de s'attacher sur la douceur de leur naturel, pour le pervertir ; il ajoutait que quand une fois les femmes avaient pu bannir l'hypocrisie et les déguisements, elles étaient plus fortes que les hommes dans leur dévotion.

Mais comme leur simplicité peut aisément dégénérer en niaiserie, et les faire tomber dans des illusions, il voulait qu'elles fussent prudentes, et que jamais elles ne fissent rien qu'avec conseil ; parce qu'autrement elles se mettent en danger de prendre des songes pour des révélations, et d'imiter les araignées qui passent toute leur vie à travailler sur quelques petites toiles où elles ne prennent que des mouches.

Cinquièmement, il voulait qu'au milieu des assauts du monde et de ses vanités, elles fussent comme certains rochers qui croissent, dit-on, au milieu des vagues, et qu'elles vécussent comme on le dit des alcyons, qui, étant environnés d'eau, ne respirent que l'air et ne contemplent que les cieux, et qui nageant ainsi que les poissons, chantent comme les oiseaux.

« Voilà, disait ce saint Prélat, l'image
» d'une dame qui, quoiqu'au milieu du
» monde, vit selon l'esprit de Dieu, en
» sorte que parmi tous les appas et tous
» les attraits de la terre, elle n'a des
» yeux et un cœur que pour le ciel, et
» que, vivant avec les hommes, elle n'a
» une bouche et un esprit que pour louer
» et bénir Dieu avec les anges. »

La sixième leçon qu'il leur donnait, était de pratiquer exactement les avis de Salomon et ceux de l'Apôtre sur la trop grande curiosité. Il voulait qu'elles ne désirassent pas savoir plus qu'il ne faut, et qu'elles n'occupassent point inutilement leur esprit à l'acquisition d'une vaine science qui roulant sur des objets inutiles pour l'accomplissement des devoirs de leur état, ne peut que leur enfler le cœur.

Septièmement, il était ennemi mortel d'une certaine fausse piété dont le caractère est d'être oisive ; et il a souvent enseigné que la véritable dévotion des femmes était de passer leur temps utilement, de l'employer avec un saint ménagement, et d'en tirer une usure profitable pour l'éternité.

Huitièmement, il assurait qu'une dame chrétienne doit surtout fuir avec soin tout ce qui peut alarmer la pudeur. Il regardait l'honneur et la pureté comme l'ame des femmes, sans laquelle elles ne sont que des tombeaux vivants. On lui a entendu dire une fois à une dame qui vivait licencieusement : « Mon Dieu ! ma pauvre » fille, osez-vous bien porter un visage » de femme avec une ame de mégère ? » En vérité, si vous ne changez bientôt » de vie, je prierai tous vos parents de » vous ôter un nom que vous déshonorez. »

Voilà quel était le sentiment de ce saint homme qui vivait aussi purement que les Anges, et qui n'avait point de plus grand désir que de sacrifier tous les cœurs, comme il avait fait le sien, à la Mère de pureté. C'est de là sans doute qu'il obtint de Dieu une faveur miraculeuse et un privilége particulier pour converser saintement, même avec ce sexe dont les seules approches sont dangereuses, et dont l'haleine et les regards, comme il disait lui-même, ont souvent je ne sais quelle contagion qui passe droit au cœur après avoir étouffé les lumières de la raison.

Il est nécessaire sans doute d'avoir une prudence plus circonspecte, une piété plus éclairée, et une force d'esprit plus chaste et plus constante pour voguer sur cette mer pleine d'écueils; aussi l'on peut dire qu'il eut en ce point je ne sais quoi de divin, puisqu'il a passé presque toute sa vie dans cet emploi, sans que l'envie même, qui a coutume de s'attacher aux plus saints personnages, ait jamais entrepris de jeter sur sa vie le moindre soupçon; ce qui est d'autant plus étonnant qu'il ne se montrait point austère en sa conversation, et qu'il avait une vertu toujours civile et un esprit toujours condescendant.

Aussi n'obligeait-il pas ses pénitentes à mener une vie sauvage, car au contraire il leur recommandait de vivre selon leur condition dans les compagnies, et de se prêter à tous les entretiens et à toutes les récréations convenables à leur qualité; mais il voulait que leur vertu fût de la nature de cet oiseau qu'on dit être du paradis, dont il porte le nom, et qu'on prétend passer toute sa vie sur la terre, sans jamais s'y attacher, en sorte que lors même qu'il veut se délasser, il a certains petits filets avec lesquels il se lie aux branches de quelque arbre, où il demeure quelque temps suspendu. De même il voulait que si elles venaient à s'attacher à quelque créature, ce ne fût que pour se reposer en Dieu et s'arrêter en lui, comme ceux qui pêchent les perles et qui, les trouvant dans des coquilles d'huîtres, n'estiment que ces petits trésors qui y sont renfermés.

§ V.

Conduite pour les personnes du peuple.

Ce très-bon Prélat donnait ses soins aux gens de métier, aux pauvres serviteurs, et aux autres personnes du peuple, avec autant de bonté et de cordialité, qu'il eût pu faire à l'égard de quelque grand seigneur. Une fois, à Paris, une dame qui a toutes les qualités que la vertu, l'esprit et la noblesse peuvent donner à celles de son sexe et de sa condition, l'ayant suivi auprès d'une servante qui était malade, eut le bonheur d'entendre le secret d'une si sainte et si humble conversation, et d'après ce qu'elle m'a dit elle-même, j'ai reconnu que sa conduite envers ce genre de personnes était premièrement de leur parler avec cette grande douceur qui lui était si naturelle, à laquelle il mêlait des exhortations conformes à l'état de ceux avec lesquels il conversait.

Secondement, il leur montrait beaucoup de compassion, et en effet son cœur en était tout rempli, ce qui lui gagnait leur attachement et leur confiance.

Troisièmement, il les aidait de tout son pouvoir, et en prenant leurs intérêts, il les portait à l'amour et à la confiance qu'ils devaient avoir envers Dieu.

Enfin tout l'abrégé de sa conduite était de se faire et donner totalement à tous, pour les donner tous et totalement à Dieu; et comme sa passion était d'imiter son bon Maître, il s'estimait trop heureux de lui procurer des serviteurs et des servantes, en se rendant l'humble serviteur de tous.

CHAPITRE II.

MAXIMES DE SAINT FRANÇOIS DE SALES.

On peut assurer sans crainte de se tromper, que les maximes de notre Saint sont un parfait abrégé de la vie et des enseignements de notre divin Sauveur ; car comme il ne vivait que d'une vie toute divine, tous ses discours étaient autant de ruisseaux qui conservaient toutes les qualités de leur source, et autant d'échos qui faisaient redire à sa bouche et à ses écrits tous les sentiments de son cœur. On disait autrefois du grand saint Macaire, que son silence était le livre de tous ceux qui voulaient suivre Jésus-Christ dans le désert ; de même on ne peut regarder les paroles et les exemples de saint François de Sales comme l'esprit universel et la doctrine de ceux qui veulent marcher sur les traces de Jésus-Christ, soit dans le milieu du monde, soit dans quelques monastères. C'est pourquoi j'ai réuni en ec lieu celles qui m'ont paru les plus remarquables.

§ I.

Maximes par rappert à Dieu.

Un cœur qui aime Dieu et qui porte cet aimable trésor, n'a plus rien à souhaiter en ce monde. Il commence son paradis et sa félicité sur la terre pour la continuer dans les cieux. Il vit de la vie des anges, disait saint François de Sales, il est presque lié des mêmes chaînes qui unissent le Père et les Fils dans la sainte Trinité, il brûle des mêmes flammes dont les chérubins sont toujours embrasés.

C'était la première maxime de notre

saint Prélat, et il disait souvent qu'il ne savait point d'autre perfection, que d'aimer Dieu par-dessus toutes choses, et le prochain comme soi-même. Il ajoutait que ce saint amour de Dieu devait être plein de respect et de vénération ; et qu'ainsi il ne fallait jamais parler de Dieu ni des choses qui concernent son service, par manière d'acquit ou par récréation, mais toujours avec des sentiments d'une profonde humilité.

« Vraiment, disait-il encore, à qui
» Dieu est tout, le monde ne doit être
» rien ; ce n'est pas savoir ce que Dieu
» vaut, d'estimer quelque chose avec lui,
» et c'est mépriser sa parole que de
» chercher quelqu'autre entretien. »

Secondement, il voulait que cet amour fût pur, généreux et semblable au soleil qui ne pâlit jamais au milieu des ombres de la nuit, et qui va toujours poursuivant sa carrière, nonobstant toutes les nuées qui s'élèvent pour l'obscurcir. Il disait encore que le cœur, quoi qu'il arrive, doit toujours aimer Dieu ; et que quand tous les monstres de l'enfer et toutes les ténèbres de cet obscur cachot s'opposeraient à ses désirs, il doit aimer sans perdre courage et s'encourager sans présomption.

C'est pourquoi il exhortait tous ses enfants spirituels à tenir leurs yeux et leur esprit constamment tournés sur Dieu et sur eux-mêmes, tellement cependant qu'ils ne vissent jamais Dieu sans sa bonté, ni eux-mêmes sans leur misère.

Il avait encore une autre maxime qui est qu'il faut regarder en toutes ses actions ce que Dieu veut, et sitôt qu'on l'a connu, essayer de le faire gaiement, ou au moins courageusement, afin qu'on puisse passer à un autre degré plus parfait qui est d'aimer cette suprême volonté. « Soyons, disait-il, ce que Dieu veut, et » ne soyons pas ce que nous voulons » contre son intention. »

Il ajoutait que jamais il ne faut regarder la substance des choses, mais l'honneur qu'elles ont d'être agréables à Dieu. Il disait que l'ame dans l'oraison doit se tenir regardant Dieu, ou regardant quelque chose pour son amour, ou ne regardant rien, mais lui parlant, ou ne le regardant pas, ne lui parlant pas, mais demeurant simplement où il nous a mis, comme autant de statues dans leurs niches.

Qui s'étonnera donc si ce grand cœur, tout embrasé des flammes de la céleste charité, s'écriait avec un transport d'amour: « Pour moi, je suis et je serai, et je veux
» être éternellement à Dieu, je ne veux
» vivre que dans le sein de son amour
» et dans les bras de sa divine providence,
» sans que ma volonté y tienne d'autre
» rang et y ait d'autre charge que de le
» suivre et de l'aimer. »

Quoique cet amour eût des ailes pour élever l'homme de Dieu jusqu'au trône de la Divinité, néanmoins il était profondément enraciné dans l'humble connaissance de son néant, il savait que Dieu ne se plaît que dans les cœurs abaissés par l'humilité, souples par la simplicité, et immenses par la charité.

De ces maximes en naissaient cinq ou six autres qu'il avait souvent dans la bouche et toujours dans le cœur.

« 1. Je n'aime point qu'on dise qu'il
» faut faire ceci ou cela parce qu'il y a
» plus de mérite ; il faut tout faire pour
» la gloire de Dieu. »

» 2. Lorsqu'on éprouve des tentations,
» il ne faut point s'effaroucher, mais de-
» meurer en une douce résignation à la
» volonté de Dieu.

» 3. Le grand profit de l'ame en la
» vertu ne consiste pas à avoir de belles
» pensées sur Dieu, mais à le beaucoup
» aimer en souffrant. De plus, une ame
» doit considérer souvent que Dieu la
» contemple de son œil d'amour parmi
» ses plus grandes souffrances, pour voir

» si elle se comporte selon sa volonté. »

Il ajoutait que *l'amour de Dieu et les souffrances étaient les plus dignes offrandes que l'on pût faire à celui qui nous a sauvés par amour et en souffrant.*

Pour conclure avec lui et en ses propres termes, je remarque qu'il disait que *par plusieurs voies on allait au ciel, mais que pourvu qu'on eût la crainte de Dieu pour guide, il importait fort peu par quel chemin on y allât.* Il faut donc craindre Dieu d'une crainte filiale, comme l'a enseigné ce saint docteur, et se rappeler qu'on ne peut pas excéder dans le saint exercice de l'amour de Dieu, et que la mesure de son amour est de l'aimer sans fin et sans mesure.

« Il faut plutôt, disait-il encore, mou-
» rir mille fois que d'aimer autre chose
» que Dieu, il faut plutôt tout perdre,
» que l'espérance, le courage et la réso-
» lution de l'aimer éternellement ; c'est
» de là que nous verrons naître en nous
» la liberté de cœur qui est un dégagement

» de toutes choses pour suivre la vo-
» lonté de Dieu, et qui a pour effet
» une grande suavité d'esprit, une dou-
» ceur incomparable, et une condescen-
» dance merveilleuse à tout ce qui n'est
» pas péché ou danger de pécher; et
» quoique ce soit une chose très-rare de
» voir du feu sans fumée, le feu du saint
» amour n'en aura point tant qu'il sera
» pur; mais s'il commence à ne plus
» l'être, il prendra aussitôt de la fumée,
» des inquiétudes et des craintes serviles
» qui lui raviront toute sa liberté. »

§ II.

Maximes par rapport au prochain.

Si l'on veut apprendre le grand secret de notre perfection, et qu'on le demande à notre Saint, il répondra qu'il faut aimer Dieu de tout son cœur, et le prochain comme soi-même, et que prétendre avoir l'amour de Dieu sans celui du prochain, ce serait vouloir séparer l'image de Phidias du bouclier de Minerve, rompre l'anneau que Dieu a formé de ses mains, et effacer les plus beaux traits d'amour qu'il a gravés dans le cœur de tous les hommes quand il est descendu du ciel pour leur amour.

Or, pour unir parfaitement ces deux amours et voir toujours dans un même miroir Dieu et les hommes, il faut premièrement, comme disait ce cœur aimant, que l'amitié qu'on porte à son prochain soit appuyée sur le solide fondement et sur la base immobile de l'amour de Dieu; car elle sera bien plus ferme et plus constante que celle qui serait appuyée sur le sang, sur la chair, et sur quelque considération humaine.

Secondement, il faut nous aimer les uns les autres sur la terre comme nous nous aimerons dans le ciel, et si les payens aiment ceux qui les aiment, les

Chrétiens doivent aimer ceux qui ne les aiment pas.

Troisièmement, l'amour serait trop naturel, si quelqu'un n'aimait son prochain que par inclination ou parce qu'il est bien vertueux, ou parce qu'il le deviendra, mais il le faut aimer parce que c'est la volonté de Dieu.

Nous ne pouvons trop aimer le prochain quand nous l'aimons pour Dieu, ni excéder en cela les termes de la raison; mais quant aux témoignages de cet amour, il est à craindre de passer trop avant ; il faut toutefois témoigner que l'on aime, pourvu que la vertu et la sainteté accompagnent ces témoignages d'amour.

Surtout il faut se souvenir que l'ame de notre prochain est l'arbre de la science du bien et du mal, et qu'il est défendu d'y toucher pour en juger, sous peine d'être châtié, parce que Dieu s'en est réservé le jugement. Il faut toujours regarder le prochain d'un œil simple et compatissant, sans s'enquérir de ce qu'il fait ou de ce qu'il doit devenir, imitant en cela les abeilles qui ne sucent des fleurs que le miel, et les astres qui n'éclairent le monde que pour lui faire du bien.

Enfin il faut l'aimer jusqu'à le préférer toujours à soi, et ne lui refuser jamais rien qui puisse contribuer à son utilité, pourvu qu'on n'en vienne pas à cet excès que de se perdre pour le sauver. Heureux qui peut dire avec notre Saint, que jamais il ne sera possible que rien nous sépare des âmes et de l'amour de leur salut, parce que ce lien est si fort, que la mort même n'aura jamais le pouvoir de le dissoudre, puisqu'il durera éternellement ! Que si quelqu'un vient porter à nos oreilles les fautes et les péchés d'autrui, nous pourrons dire encore avec ce saint Prélat : « *misère humaine, misère humaine !* » *oh ! que nous sommes environnés d'infir-* » *mités !* Hélas ! qu'est-ce que nous pou- » vons faire de nous-mêmes que faillir ?

» en vérité nous ferions pis si Dieu ne
» nous retenait. »

§ III.

Maximes par rapport à nous-mêmes.

Une des maximes les plus communes à notre Saint, c'est qu'il faut vivre en ce monde comme si on avait l'esprit au ciel et le corps au tombeau.

La seconde de ses maximes est qu'on attire les inspirations du ciel à proportion du soin qu'on prend à mortifier ses inclinations naturelles. « Il ne faut jamais,
» disait-il, regarder les croix qu'à tra-
» vers la croix du divin Sauveur; et alors
» on les trouvera si douces, qu'on en ai-
» mera plus le tourment que la jouis-
» sance de toutes les consolations de
» l'univers. »

Troisièmement, il disait qu'il ne voulait point rechercher d'autre jouissance de sa foi, de son espérance et de sa charité, que de pouvoir dire sincèrement, quoique sans goût et sans sentiment, qu'il mourrait plutôt que de renoncer à sa foi, son espérance et sa charité; il ajoutait que la foi lui découvrait des vérités plus élevées que le sens, que l'espérance le faisait aspirer à des biens invisibles, et que la charité l'obligeait d'aimer Dieu plus que soi-même, d'un amour qui ne fût ni naturel ni intéressé, mais pur, solide, invariable, et qui eût son fondement dans les cieux.

En quatrième lieu, sa volonté avait une union si étroite avec celle de Dieu, qu'il avait pour maxime que tout ce qu'on fait doit tirer son prix et sa valeur de cette conformité, et qu'en mangeant et buvant parce que c'était la volonté de Dieu, ce repas est plus agréable à Dieu que si l'on eût souffert la mort sans cette intention.

Pour cinquième maxime, il disait qu'en

agissant ainsi avec tranquillité et sans empressement, on avançait beaucoup ; et que l'empressement était l'un des plus artificieux ennemis de la dévotion et de la vraie vertu, qu'il faisait semblant de nous échauffer au bien, mais que ce n'était que pour nous refroidir, et qu'il ne nous faisait courir que pour nous faire tomber.

Sa doctrine sur l'humilité était premièrement, que celui qui est véritablement humble ne croit jamais qu'on lui fasse tort.

Secondement, que si quelqu'un veut être content en sa médiocrité, il ne doit pas considérer ceux qui ont plus, mais ceux qui ont moins que lui.

Troisièmement, qu'il faut bien reconnaître son néant, mais qu'il n'y faut pas demeurer; qu'on ne doit jamais s'anéantir que pour s'unir à Dieu, qui est tout. Il ajoutait qu'on doit se réjouir d'être peu considéré du monde, qu'il faut mépriser son estime, rire de son jugement, et tourner nos yeux et notre intelligence sur la considération de nos misères.

Pour ce qui est des tentations, il avait deux maximes, dont la première est qu'elles troublent, lorsque l'on y pense et qu'on les craint trop, mais qu'elles ne doivent pas être un sujet d'inquiétude pour un esprit qui ne les aime pas.

La seconde est, que quand il nous arrive quelque difficulté, on ne doit jamais rien remuer qu'auparavant on n'ait jeté les yeux sur l'éternité, et qu'on ne se soit mis dans l'indifférence.

Pour ce qui est de la douceur, il avait pour maxime, que s'il fallait tomber en quelque extrémité, c'était en celle-là, et il est vrai que sa vie n'a roulé que sur la pratique de cette aimable vertu.

Enfin ce saint Prélat avait pour dernière devise, qu'on doit arrêter constamment son esprit sur l'éternité, et que c'est là le secret pour vivre dans la paix et dans la vertu sans variation.

Nous concluons ce chapitre par cette parole de l'homme de Dieu. « Que notre
» Seigneur nous tourne à droite et à
» gauche, qu'il lutte avec nous comme
» avec autant de Jacob, qu'il nous presse
» tantôt d'un côté, tantôt de l'autre, en
» un mot, qu'il semble nous faire mille
» maux ; jamais pourtant nous ne le quit-
» terons qu'il ne nous ait donné son éter-
» nelle bénédiction (1). »

---

(1) Non dimittam te nisi benedixeris mihi. (Gen. 32. v. 26.)

QUATRIÈME PARTIE.

CHAPITRE Ier.

VRAI PORTRAIT D'UN HOMME SPIRITUEL EN SAINT FRANÇOIS DE SALES.

Le saint Evêque de Genève haïssait les dévotions fardées qui n'ont que de l'éclat; et sa maxime était que la vertu n'a point d'asile plus assuré que dans le centre du cœur.

Il voulait donc premièrement, que la vertu commençât dans le silence et la solitude, et qu'ensuite, quand la nécessité le demandait, elle parût au jour sans bruit et sans éclat.

Secondement, quand l'occasion se présentait de paraître au dehors, il voulait que le corps suivît tous les mouvements de l'esprit, comme l'aiguille d'une montre suit le cours du soleil.

Troisièmement, il ne pouvait goûter ceux qui, voulant être vertueux, se font sauvages, et qui pensent que la douceur et la civilité ne peuvent compatir avec la dévotion.

Enfin sa loi était la douceur et la charité; et il disait souvent, que pour gagner une ame à Dieu, il ne fallait que jeter quelques appas de douceur, et tendre quelques filets du saint amour.

Quiconque voudra donc savoir le secret de sa vie et les qualités de son esprit, doit se figurer une douceur sans amertume, une prudence sans finesse, un intérieur sans scrupule, un extérieur sans fard, une science sans vanité, et une conversation exemplaire qui était le vrai miroir de sa vie et l'image de son esprit.

Qu'il se représente encore un homme

dépouillé de toutes les affections de la terre, et qui ne cherchait jamais son propre intérêt ; un homme dont le cœur ne respirait que l'anéantissement universel de la sensualité, le mépris des consolations sensibles, la fuite des vanités, le dédain des biens de ce monde, enfin un dévouement invariable aux volontés de Dieu et aux lois du céleste amour ; un homme qui en se donnant tout et sans réserve au Dieu de son cœur, ne perdait rien d'une force d'esprit et d'une liberté toute sainte, laquelle, après l'avoir tiré de son occupation en Dieu pour l'appliquer aux créatures, le ramenait toujours des créatures au créateur par des transports d'admiration et des élans d'amour ; un homme qui avait pour fondement inébranlable de ses vertus, la simplicité de son cœur et le dénument de son ame, dont les inclinations n'étaient pour les choses créées, qu'en tant qu'elles sont comme de petits ruisseaux qui conduisent à Dieu.

De là naissait la paix et la tranquillité de ce cœur qui ne voyait tous les événements que dans la souveraine direction de la Providence, et qui était toujours en Dieu comme un alcyon sur la mer, comme un aigle dans l'air, ou pour mieux dire, comme un ange sur la terre, qui ne perd jamais la vue du souverain Maître, et qui, quoi qu'il arrive, ne sort jamais de sa paix dans le sein de Dieu.

Il était content pourvu que Dieu fût servi et aimé, et rien ne pouvait l'affliger que ce qui était contre Dieu ; son cœur plein d'amour cherchait toujours cet adorable objet, en sorte que tout ce qui a coutume d'en éloigner les autres, lui servait de moyen pour s'en approcher de plus près.

De là naissait l'union très-étroite qu'il avait avec Dieu, et le désir ardent et continuel dont il brûlait d'y unir tous les cœurs. Pénétré de ce désir, et vivant dans une union si parfaite, c'était continuelle-

ment l'esprit de Dieu qui agissait en lui ; et de même qu'un saint Ignace d'Antioche et une sainte Catherine de Sienne ne pouvaient vivre sans aimer Jésus, et le portaient nuit et jour dans leur cœur, de même notre Saint ne pouvait passer un moment sans agir par la pensée et pour l'amour du divin Jésus qui était toute la vie de son ame et le plus agréable objet dont son esprit pût être occupé. C'est ce qui lui faisait dire souvent qu'il ne voulait être autre chose que ce que Dieu voulait qu'il fût ; mais qu'il voulait l'être de la bonne sorte, pour faire honneur à la main qui l'avait formé. « Ah ! soyons donc,
» disait-il encore, soyons totalement à
» Dieu. Qu'y a-t-il, mon cher Théotime,
» qui nous puisse éloigner de Dieu ? Et
» vous aussi, dévote Philothée, vous ne
» devez rien appréhender dans cet aban-
» don. Etant à Dieu, vous êtes à vous,
» et Dieu qui n'est qu'amour, se fait
» tout vôtre, pour vivre et mourir avec

» vous dans l'union du saint amour. »

O Dieu ! fut-il jamais un homme plus aimant et un cœur plus embrasé des flammes du saint amour ? Vivre en aimant, aimer en souffrant et souffrir avec une sainte joie, voilà quel est l'esprit de saint François de Sales.

O mon cher lecteur, marchez sur ses traces, et ne vous excusez pas sur la grandeur ou sur la bassesse de votre condition, ni sur la faiblesse de votre sexe, ou sur tout autre prétexte, quel qu'il soit, puisque ce grand Saint a enseigné et pratiqué une vertu à la portée de tous.

Achevons le tableau de son ame, et pour ajouter les derniers traits à ce portrait, disons qu'il avait l'esprit universel de l'Evangile, et que tout ce qui se passait dans son ame était une opération divine, tellement que ses désirs, ses affections et ses pensées ne s'éloignaient jamais de Dieu, et que ses intentions, ses jugements et ses paroles ne suivaient point d'autre mobile que la première vérité.

Voilà donc une esquisse de cet esprit universel de St. François de Sales, dont je n'ai pu peindre que les traits généraux ; mais maintenant, pour le faire connaître plus exactement et plus clairement, il faut en tracer quelques traits particuliers, en faisant le tableau de ses vertus.

CHAPITRE II.

TABLEAU DE SES VERTUS.

Toutes les actions de ce grand Saint ont été un modèle accompli de toutes les vertus ; et comme il n'y a aucune vertu qu'il n'ait enseignée, il n'y en a aucune aussi qu'il n'ait pratiquée avec tant de fidélité et de perfection, qu'on peut dire de lui que la piété parlait par sa bouche, et opérait par ses actions.

C'est ce qu'il me sera aisé de montrer en entrant dans le détail de ses diverses vertus ; et pour parler d'abord de la foi, je dis que Dieu lui avait comme imprimé en l'esprit, avec les plus vives lumières de la foi, une rare intelligence de tous les mystères qu'elle nous propose, tellement que, s'entretenant un jour avec un de ses amis qu'il estimait beaucoup, il lui parlait comme s'il eût déjà été en cet état heureux où l'on ne peut douter d'aucune vérité.

Cette foi simple, constante et universelle produisait en lui une confiance généreuse qui tenait son cœur, comme le nid des alcyons, ouvert seulement du côté du ciel, pour aspirer toujours à Dieu, et jouir du calme et de la paix au milieu de toute sorte de tempêtes, parce qu'elle avait fixé au ciel les délices de son cœur et son inébranlable espérance ; « Et véri-
» tablement, disait-il, qu'est-ce qui peut
» troubler un cœur qui est à Jésus-Christ ?

» Non, non, quoi qu'il m'arrive, et quoi
» que tous les hommes puissent me faire,
» c'est assez que je sois à lui. »

Un jour, écrivant sur ce sujet à une dame dévote, il lui fit l'exposé de ses sentiments, et ajouta : « Chère fille, il
» a fallu que mon cœur ayant jeté ses ai-
» mables pensées au pied du crucifix, les
» ait aussi jetées sur le papier. Plaise à
» cette immense bonté que le divin amour
» soit notre grand amour ! Hélas ! mais
» quand sera-ce qu'il nous consumera ?
» et quand consumera-t-il notre vie pour
» nous faire entièrement vivre à lui ? »

Voilà qui montre assez combien son espérance était pleine d'amour ; aussi peut-on dire en toute vérité qu'il n'aimait que le Dieu de son cœur, parce que tout autre objet n'était aimé de lui qu'en Dieu et pour Dieu. L'amour divin était sa vie, c'était comme l'ame qui animait tous ses mouvements et toutes ses actions.

On ne doit donc pas s'étonner si cet

amour était si éloquent dans ses paroles et si généreux dans ses sentiments. « Je
» n'ai rien su penser ce matin, écrivait-
» il à une personne de confiance, qu'à
» cette éternité de biens qui nous attend,
» et en laquelle néanmoins tout me sem-
» blerait ou peu ou rien, sans cet amour
» invariable et toujours actuel de ce
» grand Dieu qui y règne continuellement;
» car il me semble en vérité que le para-
» dis se pourrait trouver dans les enfers,
» si l'amour de Dieu s'y pouvait trouver ;
» et si le feu de l'enfer était le feu de
» l'amour divin, je crois que ses tour-
» ments seraient agréables, et qu'on se_
» rait trop heureux de souffrir dans ces
» flammes d'amour. Je vois les conten-
» tements célestes être un vrai rien, eu
» égard au céleste amour. »

« Il faut donc certes, disait-il une
» autre fois, ou mourir ou aimer Dieu ;
» et je voudrais qu'on m'arrachât le cœur,
» ou que, s'il me demeure, ce ne soit

» plus que pour ce saint amour. Ah! il
» faut porter nos cœurs aux pieds de ce
» Roi immortel, et vivre uniquement
» pour lui. Mourons à nous-mêmes et à
» tout ce qui dépend de nous. Il me sem-
» ble que nous ne devons plus vivre qu'à
» Dieu. Notre bon Jésus est notre Sei-
» gneur; qu'avons-nous affaire d'autre
» chose? et que peut-on aimer que
» lui? »

« C'est avec une nouvelle ardeur, di-
» sait-il une autre fois, que je soupire
» pour l'amour divin, afin qu'il remplisse
» mon cœur et le fasse abonder en grâces
» et en bénédictions du Saint-Esprit. Si
» vous saviez comment Dieu traite mon
» cœur, vous l'en remercieriez avec moi.
» Il est tout plein d'une intime affection
» d'être à jamais sacrifié au pur et saint
» amour. Oh! qu'il est doux de ne vivre
» qu'en Dieu! Pour moi, avec sa sainte
» grâce, je ne veux plus être à personne,
» ni que personne me soit plus rien qu'en

» lui et pour lui seul. Vive Dieu ! il me
» semble que tout ne m'est plus rien qu'en
» lui ; dans lequel toutefois et pour le-
» quel j'aime plus tendrement les ames. »

« Oui, vive Dieu ! disait-il encore !
» et qu'il vive et règne sur mon cœur,
» O amour de mon Dieu ! ô amour ineffa-
» ble ! ô incompréhensible bonté ! ou
» ôtez-moi de ce monde, ou ôtez ce monde
» de moi ; ou faites-moi mourir, ou faites-
» moi plus aimer votre mort que ma pro-
» pre vie. Ah ! si je savais qu'il y eût
» un seul filet d'affection en moi qui ne
» fût pas à Dieu, Oh ! je l'arracherais
» tout maintenant ; et si je savais qu'un
» seul brin de mon cœur ne portât pas
» la marque de Jésus crucifié, je ne vou-
» drais pas le garder un seul moment. »

Voilà sans doute un amour qui réunit toutes les qualités de la céleste charité ; car c'était un amour communicatif, compatissant, officieux, ardent, dévot, humble, obéissant, patient, libre, fort, pacifique, cordial, simple, prudent, chaste, réglé, tempérant, modeste, solide, agissant, condescendant et crucifié avec son Sauveur.

Voilà ses divins caractères dont le premier était, comme j'ai dit, ce doux épanchement et ces communications charitables par lesquelles, quoiqu'il fût jour et nuit occupé du céleste objet de son amour, il donnait tellement son cœur tout en entier à Dieu, que sans lui en rien ôter, il le donnait néanmoins à son prochain, parce qu'il le lui donnait pour Dieu et en vue de Dieu.

Ecoutons ce cœur aimant et apprenons de lui comment il faut aimer le prochain. « Ah! Dieu, quand est-ce que cet amour
» naturel qui naît des liens du sang, des
» convenances, des bienséances, des
» sympathies, ou des qualités aimables
» de notre prochain, sera purifié et ré-
» duit à la parfaite obéissance de l'amour
» tout pur du bon plaisir de Dieu! Quand

» sera-ce que cet amour ne désirera plus
» les présences, les témoignages et les
» significations extérieures, mais demeu-
» rera pleinement assouvi de l'invariable
» et immuable assurance que Dieu lui
» donne de sa perpétuité? Eh! que peut
» donc ajouter la présence à un amour
» que Dieu a fait et qu'il maintient! Quelles
» marques peut-on requérir de persévé-
» rance en une unité que Dieu a créée?
» La distance ou la présence n'ajoute-
» raient jamais rien à la solidité d'un
» amour que Dieu a lui-même formé.

» Eh! quand sera-ce que nous serons
» détrempés en douceur et en suavité en-
» vers notre prochain? Quand verrons-
» nous les ames du prochain dans la sa-
» crée poitrine de Jésus? Ah! qui regarde
» le prochain hors de là, il court fortune
» de ne l'aimer ni purement, ni cons-
» tamment, ni également; mais là, mais
» en ce lieu-là qui ne l'aimerait? qui ne
» le supporterait? qui ne souffrirait ses

» imperfections? qui le trouverait de mau-
» vaise grâce? qui le trouverait ennuyeux?
» Or il y est ce prochain, il est dans la
» poitrine et dans le sein du divin Sau-
» veur; il y est comme très-aimé et tout
» aimable, de sorte que l'amant meurt
» d'amour pour lui, duquel l'amour est
» en la mort, et la mort est en son
» amour. »

C'était cet amour du prochain qui lui fit prendre la peine d'instruire par signes, par gestes et avec merveilleuse adresse, un pauvre homme sourd et muet de naissance qu'il nourrissait en sa maison. C'était cet amour qui le rendait le maître des ignorants, le père des pauvres, l'œil des aveugles, le pied des boîteux, la main, le bras et le cœur de tous ceux qui avaient besoin de lui; en sorte que ses biens, sa personne, son esprit et ses travaux étaient plus aux autres qu'à lui.

Qui pourrait dire avec quelle tendresse et quelle bonté il compatissait aux maux d'autrui. Il pleurait souvent à leur seule vue; et comme son cœur était ouvert à tout le monde, sa bourse et sa main ne se fermaient jamais tant qu'il voyait des malheureux, et qu'il avait de quoi donner. Ce qui fit dire à un de ses anciens serviteurs, que le logis de son bon maître était une église, un hôpital et un hôtel privilégié, où l'on venait de toutes parts comme dans un lieu de refuge. On y voyait des gentilshommes et des dames qui l'attendaient pour prendre avis de lui et pour se confesser; on y voyait des pauvres qui demandaient l'aumône, des malades qui venaient chercher la santé, des hérétiques qui l'abordaient pour conférer avec lui; et, chose admirable ! il les contentait tous, ou pour le moins il leur parlait à tous avec tant de bonté, tant de douceur et tant de zèle, que jamais personne ne sortait d'avec lui sans espérance d'avoir bientôt tout ce qu'il désirait d'utile à son salut.

Cependant au milieu de tous ces applaudissements, il était pénétré de la plus profonde humilité ; et à le voir ou à l'entendre, on eût cru qu'il était tout-à-fait inutile au monde et surtout à son évêché, dont il disait souvent qu'il était indigne, ajoutant qu'il tremblait à la seule pensée d'une charge si pesante. C'est peut-être le motif qu'il eut de refuser la coadjutorerie de Paris qu'on lui offrit, avec promesse qu'il aurait pleine autorité de faire et d'ordonner tout ce qu'il voudrait ; il était si éloigné de l'accepter, que s'entretenant sur cela avec un de ses amis, il lui dit que son ame n'avait pas seulement regardé cette honorable dignité qu'on lui offrait, et qu'il n'en avait pas fait plus d'etat que s'il eût été à l'heure de la mort.

Ainsi son humilité procédait du cœur, comme la sœur de son amour pour Dieu, et la mère de la fidèle obéissance qu'il rendait premièrement à Dieu, secondement à tous ses supérieurs tant spirituels que temporels, et enfin à tous ceux qui traitaient avec lui, tâchant de ne faire jamais sa propre volonté ; car sa maxime était qu'il est plus facile d'obéir que de commander.

De cette grande soumission de l'esprit, du cœur et de la volonté au bon plaisir de Dieu, naissait une patience à toute épreuve et une invariable égalité d'ame. « Ah ! souffrons donc, disait ce bon » Prélat à une ame affligée, souffrons, » ma chère fille, et quittons Dieu dans » ses douceurs pour le suivre dans ses » douleurs. Pour moi je me remets entiè- » rement à la divine Providence, et je » suis trop heureux, pourvu que mon » Jésus soit à jamais ma gloire, mon » honneur et mon amour. »

C'est là où il mettait toute sa joie et toutes ses espérances ; c'est là qu'il prenait un doux repos, comme un enfant qui dort dans le sein de sa nourrice.

Aussi lorsqu'on l'attaquait en sa personne ou en ses desseins, ou en ses écrits, ou en ses parents et amis, quelque tourment qu'il ressentît dans la partie inférieure de son ame, sa raison demeurait toujours la maîtresse, et son esprit ne témoignait jamais aucune inégalité.

De même en toute sorte d'accidents, et dans les pertes les plus douloureuses, il demeurait si maître de lui-même, qu'à le voir on reconnaissait bien que la grâce était en lui plus forte que la nature; et si les pleurs qu'il versait étaient une preuve de son bon naturel, et un témoignage évident de sa douleur, tous ses discours et toute sa conduite étaient autant de preuves de sa résignation ; comme il parut en diverses rencontres, mais principalement à la mort de sa mère, à laquelle il rendit les derniers devoirs non-seulement d'un bon fils, mais encore d'un bon père, car il était son confesseur.

En vérité c'était un touchant spectacle,

et il eût fallu être de bronze pour ne pas fondre en larmes, à la vue de cette pieuse dame qui se mourait, et qui, durant son agonie, ne témoignait avoir des yeux, un cœur et des paroles que pour Dieu et pour ce digne fils qui lui servait d'ange visible et la conduisait comme par la main jusqu'à la porte du paradis.

Est-ce donc là, s'écriait-elle, *est-ce là mon cher fils et mon père que j'entends ?* A quoi il répondit : « Oui, ma chère mère, oui
» c'est lui ; mais allons, je vous prie, et
» ne regardons plus que cette heureuse
» éternité qui nous attend. La terre n'est
» qu'un point en comparaison des cieux ;
» tout le monde n'est qu'un grand rien,
» la vie et toutes les grandeurs un amas
» de vent et de fumée : Dieu seul est tout,
» et ainsi c'est en lui que tout doit de-
» meurer. Voilà le but de notre amour,
» le port de notre foi et le terme de nos
» espérances. Ah ! n'aimons rien que lui,
» ma chère mère, et n'aspirons qu'à ce

» bienheureux objet qui doit être à jamais
» votre roi, votre père, votre frère,
» votre mari, et vous tenir lieu de tous
» vos enfants. »

Notre Saint néanmoins, comme je l'ai déjà remarqué, n'était pas insensible; mais comme ce n'est pas un petit acte de vertu à celui qui aime les siens, de les perdre avec résignation, et qu'il faudrait être semblable aux bêtes féroces pour être insensible, il eut de la douleur de la mort de sa mère, et en même temps une entière soumission aux volontés de Dieu, comme il le témoigna à celle qui était la chère confidente de son cœur, lui écrivant ce qui suit :

« O Dieu! ma chère fille, ne faut-il
» pas en tout et partout adorer cette su-
» prême Providence, de laquelle tous les
» conseils sont saints, bons et très-aima-
» bles? Voilà qu'il lui a plu retirer de ce
» misérable monde notre très-bonne et
» très-chère mère, pour l'avoir, comme

» j'espère fort assurément, auprès de soi,
» et en sa main droite. Confessons, ma
» fille bien-aimée, *confessons que Dieu*
» *est bon, et que sa miséricorde est à l'éter-*
» *nité* (1); toutes ses volontés sont *justes*,
» et tous ses *décrets équitables* (2). Son
» bon plaisir est toujours saint et ses or-
» donnances très-aimables. Pour moi je
» confesse, ma fille, que j'ai eu une grande
» douleur de cette séparation ; car c'est la
» confession que je dois faire de ma fai-
» blesse, après que j'ai fait celle de la
» bonté divine ; mais néanmoins ç'a été
» une douleur tranquille, quoique vive ;
» car j'ai dit comme David : *Je me tais,*
» *Seigneur, et n'ouvre point ma bouche,*
» *parce que c'est vous qui l'avez fait* (3).

---

(1) Confitemini Domino, quoniam bonus, quoniam in æternum misericordia ejus. (Ps. 135. v. 1.)

(2) Justus es, Domine, et rectum judicium tuum. (Ps. 118. v. 137.)

(3) Obmutui et non aperui os meum, quoniam tu fecisti. (Ps. 38. v. 10.)

» Sans doute si ce n'eût été cela, j'eusse
» crié hola sur ce coup; mais il me sem-
» ble que je n'oserais crier, ni témoi-
» gner du mécontentement sur les coups
» de cette main paternelle qu'en vérité,
» grâces à sa bonté, j'ai appris à aimer
» tendrement dès ma jeunesse (2). »

Voilà quels étaient les efforts de sa résignation; je dis *efforts;* car il est vrai que cette résignation et cette soumission est ordinairement une vertu guerrière, et qui combat fortement la nature.

Dieu le veut, je le veux; voilà l'indifférence de notre Saint. Richesses, pauvreté, honneur, mépris, maladie, santé, amertumes, douceurs, paix, guerre, peine, repos, la mort, la vie. *Ah!* disait-il, *tout m'est indifférent pourvu que j'aime Dieu!*

Qu'on lui demande donc ce qu'il aime

---

(1) 196ᵉ lettre, tome 2, page 176. édit. de 1821.

le mieux, ou vivre en très-bonne santé, ou passer le reste de ses jours malade dans un lit. « Je n'aime ni l'un ni l'autre, » répond-il, je suis indifférent, si ce » n'est que mon Créateur me témoigne » d'avoir plus de volonté en l'un qu'en » l'autre. » *Mais quoi!* lui disait-on, *étant en santé, vous feriez mieux les fonctions de votre charge, qu'en maladie.* « N'importe, » répondait-il, je ne veux point avoir » de choix au service de mon Créateur : » lui-même, s'il lui plaît, fera le choix » de l'état dans lequel il veut que je le » serve ; étant en santé je le servirai, et » étant infirme je le servirai encore, puis- » que des deux côtés je ferai sa volonté. »

Un de ses amis lui demanda une fois ce qu'il aimerait le mieux après sa mort, ou aller droit en paradis, ou être arrêté en purgatoire. « Je n'ai rien à résoudre, » répondit-il, ni pour l'un ni pour l'autre; » j'irai volontiers, très-volontiers au lieu » que m'aura assigné cette incompréhen-

» sible bonté, et en quelque part que me
» place sa miséricorde, je serai content;
» car avec cette assignation, le purgatoire
» me serait un paradis, et sans cette as-
» signation le paradis me serait un pur-
» gatoire. » *Mais*, répliqua son ami, *allant plutôt en paradis, vous auriez le moyen de louer plus parfaitement le Dieu d'amour.* « Je ne fais point, dit-il, ré-
» flexion sur ce *plus parfaitement*, je le
» louerai assez parfaitement quand je le
» louerai selon sa très-sage ordonnance;
» cela me suffit. »

Voilà quelle était l'indifférence de son esprit, et il le témoignait encore en disant qu'en quelque état qu'il pût être, tout lui était égal; que, grâces à Dieu, il voulait peu de choses, et encore que ce peu qu'il voulait, il le voulait fort peu, et que s'il avait à recommencer sa vie, il ne voudrait rien du tout.

De cet esprit d'indifférence procédait une admirable liberté, et un dégagement entier de toutes choses pour suivre courageusement la volonté de Dieu lorsqu'elle lui était marquée par les lumières du ciel, soit dans les conseils évangeliques, soit dans les saintes inspirations qu'il recevait de Dieu. Il avait une vertu indépendante des personnes, des temps, des lieux et des inclinations, et néanmoins si complaisante, si civile et si accommodée à toute sorte de personnes, qu'on appelait communément sa dévotion, *la sainte liberté.*

De là venait une admirable paix du cœur, et une douce tranquillité de conscience qui paraissait dans ses yeux, dans ses discours, et dans toutes ses actions, avec tant de constance et d'égalité, qu'on l'appelait *l'imperturbable*; et il disait lui-même que tout ce qui paraît de plus éclatant, de plus honorable et de plus délicieux en ce malheureux siècle, n'était rien en comparaison du précieux repos et de l'agréable sérénité que donne la paix de l'ame. « Qu'on fasse donc, » disait-il, tout ce que l'on voudra, je

» ne crains rien, car je suis tout à Dieu.»

Il montra bien en effet qu'il n'appréhendait rien, lorsque l'an mil six cent seize, la ville d'Anneci étant toute investie de soldats, et sur le point d'être prise, il répondit à ceux qui le priaient de mettre sa personne et ses biens en sûreté, qu'assurément les ennemis n'en voulaient pas plus à lui qu'aux autres, et par conséquent qu'il voulait vivre et mourir avec son pauvre peuple ; que si l'heure de Vêpres sonnait, il y irait, et que s'il lui fallait faire quelques dépêches, il les ferait ; qu'au reste s'il était pris par les soldats, et qu'ils eussent dessein de lui nuire, il se reposait sur Dieu entre les mains duquel sont tous les événements.

Une autre fois on l'avertit que quelques insolents avaient affiché sur son confessionnal, et près de son logis, des libelles diffamatoires et pleins d'injures contre lui ; il n'en dit pas un mot, et défendit à ses gens de s'en plaindre.

Il disait souvent qu'il désirait être aussi insensible aux autres choses, qu'il l'était aux calomnies; qu'on devait suivre le bon Jésus au travers des épines et jusque sur la croix; que rien ne pouvait donner à un cœur généreux une plus grande paix et plus de force et de constance, que la pensée des tourments, des afflictions, des calomnies, des mépris et des injures que le Sauveur a endurées depuis sa naissance jusqu'à sa mort; qu'en comparaison de tant d'amertumes, on avait grand tort d'appeler adversités, peines et offenses, les petits accidents qui nous arrivent; et qu'on devait avoir honte de se plaindre à Jésus-Christ pour si peu de chose, vu qu'un seul regard sur sa divine égalité d'ame, devait suffire pour supporter toute sorte d'affronts.

Aussi avait-il gravé profondément dans son cœur le salutaire portrait de Notre Seigneur sur la croix, pour y conformer tous ses discours, toutes ses actions, tous ses désirs et toutes ses pensées, afin que tout en lui fût à Dieu, de Dieu et selon Dieu ; et qu'il ne parût jamais rien, même sur son corps et dans ses habits, qui ne fût digne d'un serviteur de Jésus-Christ.

Il était comme les montres qui n'ont de mouvement que pour suivre le cours et les périodes du soleil. « Je ne sais, » disait-il, d'où peut venir qu'une ame » se sépare de Dieu, et comment il peut » se faire qu'elle perde de vue cet objet » infini ; car il me semble qu'en quelque » lieu qu'on soit, et quoi qu'on fasse, on » a toujours quelque occasion qui nous » élève et nous conduit à lui. »

Toutes les créatures ne lui étaient donc que des degrés pour monter à son créateur ; comme il le témoigne lui-même en une de ses lettres : « J'ai rencontré, dit- » il, parmi nos plus âpres montagnes, » tout plein de douceurs ; j'ai vu beau-

» coup de simples ames qui chérissaient
» et adoraient Notre Seigneur en toute
» sincérité et vérité ; les chevreuils et les
» chamois couraient çà et là parmi les
» effroyables glaciers, pour annoncer ses
» louanges, et il est vrai que je n'enten-
» dais que quelques mots de leur langage;
» mais il me semblait qu'ils disaient beau-
» coup de belles choses. »

Tout lui servait donc de moyen pour tenir son cœur uni à Dieu, et il trouvait dans cette sainte union, une douceur, une tranquillité et un repos ineffable, comme il le témoigna une fois par ces paroles : « Oh ! je vous dis, mon cher es-
» prit, demeurez simplement dans Dieu,
» sans vous essayer de rien faire, et sans
» vous enquérir de lui, ni de chose du
» monde, si ce n'est à mesure qu'il vous
» excitera. Ne vous retournez nullement
» sur vous-même, mais soyez là proche
» de lui, remis et reposé en lui, laissant
» à sa divine providence le soin de tout

» ce qui vous regarde, tant intérieure-
» ment qu'extérieurement, sans choix ni
» désir d'aucune chose, sinon que notre
» Dieu fasse de vous, en vous et par
» vous, sa sainte volonté. Courage donc,
» mon pauvre esprit, rejetons tous les
» discours, toutes les inquiétudes, toutes
» les curiosités et toutes les repliques, et
» vidons-nous de ce soin ennuyeux de
» nous-mêmes, afin de nous tenir entiè-
» rement en la très-simple vue de Dieu
» et de notre néant. Enfin laissons-nous
» guider entièrement à notre Père céleste,
» étant tantôt portés entre ses bras, et
» tantôt menés par sa main. Immolons
» toutes nos affections à Jésus-Christ,
» marchons avec simplicité en sa pré-
» sence, et puisque nous ne devons cher-
» cher que la très-sainte union à sa di-
» vine majesté en nos prières, arrêtons-
» nous tout court si d'abord elle nous unit
» à elle ; car il n'est pas besoin de cher-
» cher davantage. »

Il passait souvent les heures entières dans un doux entretien de son ame avec Dieu ; et ni les occupations du jour, ni le repos et le sommeil de la nuit, ne pouvaient presque le détourner de la vue de Dieu. Il avoua à une personne qu'il estimait beaucoup, que tous les jours à son réveil il se sentait épris de la divine présence de son Dieu.

Mais comme ces élévations sublimes et continuelles ressemblent à certains oiseaux qui vivent sur les nuées et dans la région des éclairs, il y a fort peu de personnes qui y puissent atteindre et qui puissent envisager ces rayons sans en être ébloui. C'est pourquoi notre Saint conseillait le plus souvent à ses dévots, de chercher une autre voie pour s'élever à Dieu, qui est de se tenir toujours, en souffrant et en agissant, dans un état de soumission et de conformité au bon plaisir de Dieu ; n'y ayant, disait-il, point de moyen plus assuré pour avoir Dieu présent, que d'être toujours prêt à lui obéir et à suivre tous les mouvements de sa divine volonté.

Quoique ce saint Prélat n'eût pas coutume de charger une ame d'une variété d'exercices et de désirs, il avait néanmoins mille et mille adresses pour tenir l'esprit en action et pour l'occuper sans relâche de Dieu. Mais toutes ces pratiques étaient si douces et ces occupations si tranquilles, qu'à peine une ame pieuse pouvait s'en abstenir un moment. Ce n'était donc pas sans sujet que notre Saint avait coutume d'appeler cet aimable exercice, un doux repos de l'ame en Dieu ; mais encore il semble qu'on aurait pu le nommer le nœud sacré de toutes les vertus, car il ne peut y avoir d'alliance et de commerce entre le jour et la nuit, entre les regards lumineux d'un Dieu toujours présent, et les ténèbres épaisses dont le vice est toujours entouré.

« Il faut, disait-il, que l'un ou l'autre

» cède, et par conséquent, que l'œil de
» Dieu vienne à s'éclipser, et qu'une
» ame le perde de vue, ou qu'en le voyant
» ce lui soit une heureuse nécessité de
» ne pouvoir presque pas pécher. »

Si cette présence actuelle ou habituelle est un nœud si puissant, la dévotion est le lien avec lequel il est formé, lien si étroit, que tant qu'une ame a le bonheur d'en être enchaînée, ni la vie ni la mort, ni toutes les puissances du monde ou de l'enfer ne la pourront jamais séparer de son Dieu et de la céleste charité.

Je ne crois pas aussi qu'il y ait jamais eu un homme plus dévot que notre Saint ; mais quoique sa dévotion s'étendît généralement à tous les objets qui peuvent occuper saintement le cœur d'un chrétien, il est vrai pourtant qu'elle avait pour objet plus spécial le très-saint sacrement de l'autel et la Mère de Dieu.

Pour ce qui est du premier chef, Dieu lui avait donné ce sentiment dès sa tendre jeunesse ; dès lors pour tenir son cœur aussi pur que le sanctuaire, il y recevait souvent le Dieu de sainteté.

Ensuite quand il fut prêtre, il ne manqua jamais un jour de célébrer la sainte messe, à moins qu'il n'en fût empêché par quelque grand obstacle ; et il offrait ce divin sacrifice avec des témoignages si sensibles de piété, qu'à le voir seulement à l'autel, plusieurs se sentaient pénétrés de dévotion. En Chablais, il lui fallait aller assez loin de Thonon, et quelquefois par un chemin périlleux, pour être en liberté de célébrer les augustes mystères ; mais rien ne pouvait l'arrêter.

Dans le même pays, lorsqu'on l'appelait pour administrer le très-auguste Sacrement à quelque malade, il le portait pendu au cou dans une boîte d'argent, et on ne peut pas avoir plus de piété et témoigner plus d'amour, d'honneur et de respect, qu'il n'en montrait pour ce gage précieux de notre salut ; aussi lorsqu'il en parlait ou en écrivait à quelqu'un, on voyait bien par ses expressions que son cœur était tout ému.

Surtout à la fête du très-saint Sacrement et durant l'octave, il était ravi de joie, et il disait lui-même que sa bouche était muette pour mieux écouter celui qui lui parlait au fond du cœur.

Voici comme il s'exprime sur cet objet dans une de ses lettres : « Mon Dieu,
» ma chère fille, ah ! que mon cœur est
» plein de choses à vous dire ! car c'est
» aujourd'hui la grande fête de l'Eglise,
» en laquelle portant mon Sauveur en la
» procession, il m'a de sa grâce donné
» mille pensées très-douces, parmi les-
» quelles j'ai eu peine de réprimer mes
» larmes. O Dieu ! je mettais en compa-
» raison le grand prêtre de la loi ancienne
» avec moi, et je considérais qu'il por-
» tait sur sa poitrine un riche pectoral
» orné de douze pierres précieuses où
» l'on voyait les noms des douze enfants

» d'Israël, mais je trouvais le mien bien
» plus précieux, encore qu'il ne fût
» composé que d'une seule pierre, qui
» est la perle évangélique et orientale que
» la mère-perle conçut dans son sein, de
» la bénite rosée du paradis ; car voyez-
» vous, je tenais ce divin dépôt bien serré
» sur ma poitrine, et il me paraissait
» que les noms des enfants d'Israël y
» étaient tous marqués, mais principa-
» lement ceux de plusieurs ames viles
» selon le monde ; et il me semblait que
» j'étais chevalier de l'ordre de Dieu,
» portant dans ma poitrine le même Dieu
» qui vit éternellement dans la sienne. Ah!
» Dieu, que j'eusse bien voulu que mon
» cœur se fût entr'ouvert! mais il l'était
» en vérité, et il avait l'effet de ses dé-
» sirs, car il était outrepercé des traits
» du saint amour, et Dieu qui n'est
» qu'amour y était entré avec ses plus
» douces blessures qui sont les plus déli-
» cieuses faveurs de ce même amour. »

J'ai déjà parlé de la dévotion qu'il eut pour la sainte Vierge dès sa jeunesse, et raconté comment il se donna entièrement à elle, et lui consacra sa pureté. Il fit en même temps vœu de dire le chapelet tous les jours de sa vie, et de publier partout qu'il s'était totalement consacré à la Mère du saint amour. Il l'appelait souvent la plus aimante et la plus aimée de toutes les créatures.

On trouve un beau témoignage de sa dévotion pour elle dans son Traité de l'Amour de Dieu, qu'il a dédié à cette sainte Vierge, où il l'appelle la reine de souveraine élection, la mère bien aimée de son bien-aimé, et celle en qui l'amour du Père céleste prit son bon plaisir de toute éternité, destinant tout son cœur à la perfection du saint amour, afin qu'elle aimât un jour son fils unique de l'amour maternel, comme il l'aimait uniquement de l'amour paternel.

On ne saurait dire combien il était

éloquent quand il lui fallait parler de cette aimable Vierge, et avec quel cœur d'enfant il mettait sous sa sainte protection tous ses désirs, toutes ses espérances et tout son amour. « Oui, disait-il, je veux » tout ce qu'elle veut, parce qu'elle ne » veut que ce que Dieu veut, et accordant » mes volontés avec les siennes, je suis » très-assuré de suivre les volontés de Dieu.

CHAPITRE III.

SA MORT.

Il est très-probable que Dieu fit connaître à notre Saint le temps et l'heure de sa mort, car on le vit dans la dernière année de sa vie redoubler les élans et les transports de son cœur au milieu des flammes du saint amour; de sorte que ne pouvant presque plus retenir ce feu qui le consumait, il disait que si son cœur avait quelque étincelle d'un amour qui ne fût pas en Dieu, de Dieu, et selon Dieu, il voudrait qu'il se fendît, et que sa poitrine s'ouvrît pour en faire sortir ce fol amour.

Quand il était seul dans son cabinet ou à son oratoire, on l'entendait soupirer doucement, et quelqu'un l'en ayant vu sortir un jour avec un visage abattu et les larmes aux yeux, lui demanda ce qu'il avait, ajoutant qu'il semblait plus triste et plus pensif qu'auparavant ; il répondit qu'il n'avait rien qui l'affligeât, mais qu'il était plus obligé d'être attentif, étant proche de son départ.

En ce même temps il s'occupait avec zèle du cher troupeau qu'il avait tant aimé et qu'il ne pouvait séparer, comme il disait lui-même, du cœur et de l'amour de son Sauveur. Il installa monsieur de Chalcédoine, son coadjuteur, en l'exercice de sa charge, et lui fit faire en sa présence toutes les fonctions d'un évêque. Il assista

à la première exhortation qu'il fit en qualité d'évêque, et ayant vu qu'il avait parlé avec clarté et d'une manière utile à ses auditeurs, il lui dit : « Mon frère, il est
» temps désormais que vous commenciez
» à croître, tandis que je commence à
» défaillir. »

Il espérait se décharger sur ce frère chéri des soins de l'épiscopat et jouir du calme d'une pieuse retraite, lorsqu'il reçut un commandement exprès du duc de Savoie, de se trouver à Avignon où ce prince allait voir le roi de France pour conférer avec lui. Il se prépara aussitôt à obéir et mit un dernier ordre à ses affaires, comme ne devant plus revenir.

La conduite qu'il tint pour lors est une preuve presque infaillible qu'il avait reçu du ciel un avertissement de sa mort prochaine ; car outre qu'il s'entretenait tous les jours deux ou trois heures avec son frère, et qu'en l'instruisant de tout ce qui concernait sa charge, il lui disait souvent qu'il attendait l'heure, le jour et le moment où il faudrait se séparer d'avec lui et de toutes les créatures pour jouir de son créateur, il ajouta le propre jour de son départ, que s'il devenait malade en ce voyage, il mourrait certainement, mais qu'il lui fallait imiter son bon maître et être comme lui obéissant jusqu'à la mort. Il dit aussi à un des plus anciens curés de son diocèse, en lui faisant ses adieux et lui donnant sa bénédiction, qu'il ne les reverrait plus.

Il fit aussi son testament, où il priait premièrement son Dieu, son Créateur et son Sauveur de recevoir son ame à merci et de lui faire part de l'héritage éternel qu'il lui avait acquis par sa mort et au prix de son sang.

Secondement, il invoquait la bienheureuse Vierge Marie et tous les Saints, afin qu'il leur plût implorer sur lui les bontés ineffables et la miséricorde de son Dieu.

Troisièmement, il ordonna qu'au cas

que la très-sainte religion catholique, apostolique et romaine, fût rétablie en la cité de Genève au temps de sa mort, son corps fût enterré à Genève dans son église cathédrale, sinon à Anneci au milieu de la nef de l'église de la Visitation qu'il avait consacrée.

Quatrièmement, il déclara qu'approuvant de tout son cœur les saintes cérémonies de l'Eglise, il ordonnait qu'à son enterrement, treize cierges fussent portés et mis autour de son cercueil, sans autres écussons que ceux du très-auguste et du très-saint nom de Jésus, pour témoigner que de tout son cœur il embrassait la foi prêchée par les apôtres ; d'ailleurs il défendit expressément toute autre sorte de luminaire en ses obsèques, priant tous ses amis et ses parents et ordonnant à ses héritiers de ne rien y ajouter, et de témoigner plutôt leur amour pour lui en faisant des prières et des aumônes, et surtout en faisant célébrer des messes pour le repos de son ame.

Le jour de son départ d'Anneci, il alla dire la messe dans la chapelle de la Visitation, où ayant fait venir toutes ses pieuses filles, il leur donna sa bénédiction et leur dit que si Dieu ne voulait pas qu'il les revît en ce monde, il les verrait en paradis. Il prit congé aussi des chanoines de son église cathédrale et de ses parents et amis, avec un cœur aussi content que s'il eût dû bientôt revenir, quoiqu'il prévît bien que Dieu l'arrêterait au milieu de sa course.

Il arriva à Lyon le sixième jour de novembre, et dès le lendemain il s'embarqua sur le Rhône, pour aller à Avignon. A peine y eut-il abordé, qu'on accourut de tous côtés à son logis, et il n'y eut presque personne qui ne voulût se procurer le bonheur de le voir. On le suivait même par les rues comme un ange du ciel, et on se félicitait mutuellement de ce que l'évêque de Genève, ce saint homme qui avait composé l'Introduction à la Vie dévote et le livre de l'Amour de Dieu, était venu.

Peu de temps après, le roi de France fit son entrée dans cette ville, et l'on n'épargna rien de tout ce qui pouvait donner de l'éclat et de la magnificence à la cérémonie de sa réception. Notre Saint était dans un logis où il pouvait, sans sortir, voir toute cette pompe ; mais il aima mieux se retirer dans une chambre pour donner ce temps à l'oraison.

Il revint à Lyon avec le prince cardinal de Savoie. Bientôt le prince de Piémont et son épouse y arrivèrent aussi de leur côté pour voir le roi et les deux reines. Le saint Evêque fit visite au roi qui lui fit beaucoup d'accueil et témoigna hautement l'estime qu'il faisait de sa vertu.

Durant tout le séjour qu'il fit dans la ville de Lyon, il refusa tous les logis qu'on lui offrit, et il se contenta de la chambre où demeurait le jardinier de la Visitation, tant il aimait passionnément la pauvreté!

On le conjurait de tous côtés de prendre un autre logement, mais on ne put l'y faire consentir, et Dieu lui accorda la grâce qu'il avait demandée toute sa vie, de mourir pauvrement.

Il croyait aussi qu'étant dans un lieu plus à l'écart, il trouverait plus de loisir et de repos pour s'entretenir avec Dieu; mais il lui fallut donner presqu'à tout moment audience à un grand nombre de personnes qui venaient le consulter.

La veille de Noël, sur le soir, il reposa un peu, afin d'être plus prêt à célébrer la messe de minuit. Il officia ensuite avec sa piété ordinaire, et fit une exhortation sur la naissance de Notre-Seigneur, pleine de sentiments affectueux et principalement d'une tendresse et d'une compassion inexprimable pour l'enfant Jésus, qu'il ne pouvait presque nommer sans émotion.

Vers l'aube du jour il dit la seconde messe à laquelle assista le prince de

Piémont. A neuf heures il retourna dire la troisième à la Visitation.

Le lendemain, jour de saint Etienne, était la veille de l'époque fixée pour son départ de Lyon.

Il fit une conférence spirituelle à ses chères filles de la Visitation depuis cinq heures et demie du soir jusqu'à sept.

Il commença cet entretien en leur disant qu'il venait les voir comme ses chères filles, pour leur dire adieu et pour s'entretenir un peu avec elles, ce qu'il n'avait pu faire plutôt, à cause que le monde et la cour lui avaient dérobé le reste de son temps.

« Enfin, mes chères filles, leur dit-il,
» il faut s'en aller, je viens finir la conso-
» lation que j'ai reçue jusqu'à présent
» avec vous ; au reste, je sais bien que
» les filles ont toujours beaucoup de ré-
» pliques, mais il est mieux de parler à
» Dieu qu'aux hommes. » La supérieure lui répondit que si elles voulaient lui par-

ler, c'était pour apprendre de lui comment il fallait parler à Dieu. « Eh bien ! » répondit ce bon père, l'amour propre » se servira de ce prétexte ; ne faisons » point de préface ; qu'y a-t-il à dire ? » Ensuite sur les demandes qu'elles lui firent, il leur donna des avis importants concernant la conduite des supérieures envers leurs inférieures, et des inférieures à l'égard de leurs supérieures.

Il leur parla aussi des désirs et des refus, leur montrant qu'il était toujours mieux à une religieuse de ne rien demander ni rien refuser, mais de se tenir invariablement dans l'obéissance.

Ensuite il leur donna plusieurs instructions touchant la confession, et leur expliqua la différence qu'il y a entre le péché véniel et une imperfection, et comment le péché véniel dépend de notre volonté, en sorte que là où elle n'est pas, il ne peut y avoir tout au plus que de l'imperfection.

Il ajouta qu'en toutes leurs maisons il avait remarqué que ses filles ne mettaient point de différence entre Dieu et le sentiment de Dieu, et qu'il leur semblait que, quand elles ne sentaient pas Dieu, elles n'étaient point en sa présence, ce qui était un grand défaut; et il le leur fit sentir par cet exemple : Un homme va souffrir le martyre pour Dieu, et néanmoins il ne pensera pas à Dieu pendant ce temps, mais seulement à la peine qu'il souffre; or, quoiqu'il n'ait pas le sentiment de la foi, il ne laisse pas toutefois de mériter en vertu de sa première résolution, et il fait un acte d'un grand amour.

« Nous n'avons donc, conclut ce saint
» Prélat, rien à désirer que l'union de
» nos ames avec Dieu, et vous êtes bien
» heureuses, mes chères filles, à cause
» que vos règles et vos exercices vous
» portent à cela, et que vous n'avez
» qu'à faire, sans vous amuser au
» désir. »

Il était déjà tard, et ses gens arrivèrent pour le chercher. Dès qu'il les aperçut avec leurs flambeaux allumés, il se tourna vers eux, et leur dit : « Eh! que voulez-» vous faire, vous autres? Je passerais » bien ici toute la nuit sans y penser. Il » faut donc s'en aller, voici l'obéissance » qui m'appelle ; adieu, mes chères » filles. »

Alors elles le prièrent de leur dire ce qu'il voulait qui leur demeurât plus avant dans l'esprit ; il leur répondit : « Que » voulez-vous que je vous dise? Je vous » ai déjà tout dit en ces deux paroles, de » ne rien désirer, ni rien refuser ; je ne » sais que vous dire autre, adieu. »

Le lendemain matin, en se lavant le front avec un peu d'eau tiède, il ressentit quelque affaiblissement dans les yeux ; ce qui lui fit dire qu'il était temps de terminer sa carrière ; et en effet il était à la veille du jour que Dieu lui avait assigné.

C'était le vingt-septième du mois de décembre, jour de saint Jean, qu'un peu après midi, n'attendant que le départ du duc de Savoie, il se sentit très-assoupi et fut contraint de demeurer long-temps appuyé sur sa table sans pouvoir presque dire mot.

Il tâcha néanmoins de reprendre ses forces; mais après avoir fait quelques dépêches, et reçu la visite de plusieurs personnes de qualité qui étaient venues lui demander sa bénédiction, il entra dans son cabinet, où peu après il se sentit frappé d'une apoplexie, dont il avait été menacé long-temps auparavant. On le porta sur un lit, et alors son valet de chambre se ressouvint qu'un peu avant dîner, lui ayant demandé s'il voulait mettre ses bottes, le saint Evêque lui avait répondu qu'il fallait les mettre puisqu'il le voulait, mais que ce ne serait pas pour aller loin.

En effet le mal s'accrut si fort, que

vers minuit il reçut l'absolution et l'extrême-onction par les mains du vicaire de la paroisse de Saint-Michel.

Aussitôt qu'on sut dans la ville de Lyon qu'il était mourant, on accourut de tous côtés, et il y eut même des princes qui s'estimèrent heureux d'être aux pieds de son lit, la larme à l'œil et les genoux en terre, pour recevoir sa bénédiction.

C'était un spectacle bien douloureux, de voir ce bon père et ce saint prélat qui avait été comme un oracle durant sa vie, et qui était presque muet aux approches de la mort. Ce ne fut donc pas sans sujet que Monseigneur l'évêque de Damas, l'ayant trouvé en cet état, s'écria : *Ah! quel changement de la main de Dieu!* A ces paroles le saint homme lui prit la main. Alors cet illustre prélat l'invita à mettre, comme David, toute sa confiance en Dieu, qui devait lui servir de père et de nourricier ; il ne répondit autre chose sinon que sa nourriture la plus délicieuse était d'obéir à son Dieu, et d'accomplir sa sainte volonté.

Monsieur Menard, vicaire-général de l'archevêché de Lyon, étant venu aussi auprès de son lit, lui demanda s'il n'agréait pas qu'on fît les prières des quarante heures dans l'église de la Visitation, pour demander qu'il plût à Dieu lui rendre la santé. « Non, répondit ce bienheu-» reux ; car je ne le mérite pas. » *Mais quoi*, lui dit cet ami, *ne voulez-vous donc pas qu'on prie pour vous?* « Ah! bien cela, » répliqua-t-il. » *Vous n'oubliez donc pas*, ajouta ce bon ecclésiastique, *de vous bien recommander à votre bonne Mère, la très-sainte Vierge.* « Oh non ! dit-il ; car je la » prie et l'ai priée tous les jours de ma » vie! »

Ce pieux ecclésiastique qui l'aimait tendrement et qui faisait tout son possible pour le tenir éveillé, lui demanda encore ce qu'il pensait de la foi catholique, et s'il n'avait point quelque tentation contre la

foi. « Ah vraiment! vraiment, dit-il, je
» n'en ai jamais eu. » Et en faisant le signe de la croix, il ajouta que ce serait une étrange trahison. Enfin ce vertueux ami lui représenta que la mort avait quelquefois des terreurs pour les plus grands saints et que plusieurs d'entr'eux l'avaient extrêmement appréhendée ; il répliqua qu'ils avaient eu raison. Alors, cet ami qui ne pouvait presque lui parler que par ses larmes, s'écria doucement : *O mort! que ta pensée est pleine d'amertume!* Ce saint prélat à qui tout était indifférent, la mort comme la vie, lui répondit : « Oui certes,
» elle est amère ; mais pour ceux qui
» mettent leur repos et leur plaisir dans
» les biens de la terre et dans les intérêts
» du sang, du monde et de la chair. Pour
» moi je n'espère qu'en Dieu, et c'est en
» lui qu'à la mort, comme pendant la
» vie, je trouverai ma paix et mon con-
» tentement. »

Un autre de ses amis qui ne le quitta

presque point durant sa maladie, l'entendit souvent qui disait d'une voix douce et amoureuse. « Ah! mon Dieu, je chante-
» rai à jamais votre miséricorde; j'ai déjà
» ressenti dans mon cœur et dans tout
» mon corps un saint élan qui me porte
» jusque dans votre sein qui est une
» source de vie et d'immortalité. Ah! mon
» doux Sauveur et Rédempteur! Vous
» serez ma seule joie pour une éternité;
» car hors de vous rien ne peut plaire à
» mon esprit. »

Le père Charles de saint Laurent, de l'ordre des Feuillants, lui suggérait aussi divers motifs pour l'élever de plus en plus à Dieu ; et outre cela six Pères Jésuites entre lesquels étaient le provincial et le recteur du collége de Lyon, ne l'abandonnèrent jamais, et lui témoignèrent en ce dernier passage les sentiments d'affection et de reconnaissance que les membres de la Compagnie de Jésus auront éternellement pour lui à cause de l'attachement et de la confiance particulière qu'il a toujours eus pour eux. Ces hommes de Dieu s'empressaient autour de lui ; et tandis que les uns cherchaient quelques remèdes à son mal, les autres s'occupaient à donner quelque sainte pensée à son esprit. Un d'eux lui proposa de s'adresser à Dieu et de lui dire avec saint Martin, que s'il était nécessaire à son peuple il ne refusait point la vie et le travail. Mais il ne voulut jamais faire cette prière, et répondit toujours qu'il était un serviteur inutile.

Il agréa fort la proposition que lui fit son confesseur de dire : *Saint, saint, saint, est le Seigneur mon Dieu.* Il répondit que certainement Dieu est saint, et que le ciel et la terre sont pleins de sa gloire et de sa majesté. Il continua ensuite l'hymne de saint Ambroise, et rendit grâces à Dieu de tous les bienfaits qu'il avait reçus de son immense bonté.

On lui suggéra aussi les premières

paroles du psaume où David conjure Dieu de jeter sur lui les yeux de sa grande miséricorde, et d'avoir compassion de ses misères ; il les prononça avec beaucoup de piété, et continua l'récitation de ce psaume jusqu'à la fin.

Alors un Jésuite lui proposa de s'adresser à Dieu le Père, et de lui dire avec son fils : *Eloignez, je vous en prie, ce calice de moi ;* ce saint homme répondit par les paroles du Sauveur : « Mon Dieu ne faites » pas ma volonté, mais que la vôtre s'ac- » complisse ! »

Puisque vous êtes si indifférent et si tranquillement résigné, dit alors quelqu'un des assistants, *offrez donc le sacrifice de votre ame à la très-sainte Trinité.* Alors ce saint Prélat levant les yeux au ciel, et ranimant ses forces défaillantes, s'écria d'une voix mourante et néanmoins intelligible : « Ah ! de bon cœur, je me sacri- » fie tout à Dieu, je sacrifie ma mémoire » et mes actions à Dieu le père, mon

» entendement et mes paroles à Dieu le
» fils, ma volonté et mes pensées à Dieu
» le Saint-Esprit; mon corps, mon cœur,
» ma langue, mes sentiments et mes souf-
» frances à l'humanité de Jésus-Christ
» qui est mort pour moi. »

Comme il achevait ces paroles, le père Jean Fournier, de la Compagnie de Jésus, l'un de ses plus anciens et meilleurs amis, qui avait reçu sa confession générale quand il se préparait pour se faire sacrer évêque, et qui avait été assez long-temps son directeur spirituel, lui dit la larme à l'œil : *Eh! mon bon Seigneur, ne vous souvenez-vous plus de moi?* « Si fait bien, » mon père, lui répondit ce saint Prélat, » je ne vous oublierai jamais. » Et ensuite se tournant vers un de nos frères, qui l'avait servi durant sa maladie, et qui le regardait en soupirant, sans savoir que faire ni que penser, il lui dit avec bonté : « Ah! mon bon frère, vous avez
» bien pris de la peine auprès de moi; et

» que ferai-je pour vous ? » *Monseigneur, lui répondit ce frère, je vous supplie seulement de prier Dieu pour moi quand vous serez au Ciel.*

En même temps il remarqua ses serviteurs qui sanglotaient amèrement, il leur dit qu'il ne fallait pas pleurer, mais se conformer aux volontés de Dieu. Alors un de ses aumôniers, à qui l'excès de la douleur avait presque ôté la parole, s'approcha de lui, et lui dit : *Ah ! Monseigneur, parlez-nous donc un peu, et pour le moins dites un mot à tous vos pauvres serviteurs qui vous ont toujours tant aimé.* « Adieu, mes bons amis, répondit-il, » vivez en paix et en la crainte de Dieu. »

On remarqua que nonobstant la rigueur de son mal et l'assoupissement mortel qui est inséparable de la léthargie, il eut presque toujours la parole, et fit des actes continuels de toutes les vertus, et entr'autres de douceur, d'égalité et de paience, ne refusant jamais rien de tout ce qu'on lui offrait ; et quoiqu'on exerçât sur son corps toutes les douloureuses opérations que les médecins ont coutume d'inventer dans de tels accidents, on ne le vit jamais donner aucun signe d'ennui, et son visage s'était si fort apprivoisé avec la douleur, qu'on y vit toujours régner une douce sérénité.

Cependant on lui déchirait les jambes et les épaules à force de les lui frotter. On lui mit un emplâtre de cantharides sur la tête, et en l'enlevant on lui arracha la peau. Quelqu'un lui demanda en ce moment s'il sentait du mal ; il répondit doucement qu'oui.

Un de ses serviteurs lui dit : *Ce n'est pas encore tout; car le medecin a ordonné qu'on vous fît prendre une médecine.* « Eh » bien ! j'en suis content, répondit-il, » faites tout ce que vous voudrez. » Quoiqu'auparavant il n'eût pu avaler un bouillon, sans le rejeter aussitôt, il voulut obéir, et prit tout ce médicament à diverses reprises, avec une cuiller, et jusqu'à la dernière goutte, quoiqu'il fût très-amer.

On lui appliqua deux fois le fer chaud sur le cou, et une fois le bouton ardent sur le haut de la tête, jusqu'à l'os qui en fut brûlé et percé d'outre en outre, sans qu'il donnât la moindre marque d'impatience, se contentant de prononcer, avec une douceur et une dévotion incomparable, les noms sacrés de Jésus et de Marie; et il laissa seulement tomber quelques larmes qui sortaient du fond de son cœur, comme tirées par la violence de la douleur et de l'amour.

Comme il recommençait à s'assoupir encore davantage, nonobstant les tourments qu'on lui faisait souffrir, quelqu'un voyant qu'on ne pouvait presque plus le tenir éveillé, s'approcha de son lit, et lui dit que son frère était arrivé, et qu'il venait le voir. Ce saint homme qui avait toujours aimé passionnément la vérité, répondit sévèrement : « Eh! que dites-

» vous ? Ah ! il ne faut point mentir
» pour quelque sujet que ce soit. »

Sentant ses forces défaillir, il dit encore : « Le jour passe, la nuit approche;
» mais cette nuit est une aurore d'où doit
» naître le jour de l'éternité. »

En disant ces paroles, il jeta un regard dans les cieux et poussa quelques soupirs qui avertirent doucement qu'il était sur le point de partir ; il semblait que son esprit n'attendait plus que la compagnie des anges et des saints pour aller avec eux.

On commença aussitôt de les appeler à son aide, et le père Don Philippe Malabail, de l'ordre des Feuillans, se mettant à genoux, commença les grandes litanies des saints avec ceux qui étaient présents.

Quand on en fut venu à invoquer les enfants innocents qui moururent pour leur Dieu, presque avant de vivre ; comme c'était le jour dédié à ces saints, on s'arrêta trois fois sur leur invocation, et à la troisième fois sa sainte ame s'envola vers le séjour des bienheureux.

Ce fut le vingt-huitième décembre de l'an mil six cent vingt-deux, vers les huit heures du soir, la cinquante-sixième année de son âge, et la vingtième de son épiscopat.

C'est une des suites ordinaires de la vertu, de laisser une odeur et un parfum de sainteté qui se répand au loin, et c'est ce qu'on vit à Lyon et dans tout le pays circonvoisin, à la mort de notre Saint. Dès le soir de son trépas on eut bien de la peine à contenter la dévotion d'une multitude de personnes qui vinrent pour le voir.

Le frère coadjuteur de la Compagnie de Jésus, qui ne l'avait jamais quitté durant sa maladie, obtint après sa mort la faveur de laver ce saint corps; et ensuite le jour suivant, dès le matin, on en fit l'ouverture pour l'embaumer.

Il faut remarquer qu'on lui trouva le

cœur très-beau et très-entier, et l'un des poumons comme percé d'un coup de javelot. Mais ce qui est plus merveilleux, c'est que dans la petite bourse du fiel, on trouva la matière de la bile pétrifiée, sans qu'il y eût une seule goutte d'humeur, tout s'étant changé en diverses petites pierres; ce qui était une marque certaine et infaillible de la douceur incomparable de ce bon Prélat qui faisait bien paraître en toutes ses actions qu'il était véritablement sans fiel et sans aigreur. Ces petites pierres servirent pour satisfaire la piété de plusieurs qui voulurent avoir de ses reliques.

Quelques autres eurent de ses poumons, de sa rate, ou bien des particules de sa chair, ou pour le moins ils trempèrent des linges dans son sang; et ceux qui ne furent pas assez heureux pour être en ce concours, demandèrent quelques morceaux de ses habits, ou de ses écrits; car quant à son cœur, après avoir été mis dans un coffret d'argent, il fut porté solennellement avec un grand nombre de flambeaux, dans l'église des filles de la Visitation, et consigné entre les mains de la Supérieure.

Ensuite son vénérable corps étant embaumé, l'évêque de Damas le fit revêtir de ses habits pontificaux, et il fut porté au même lieu où reposait son cœur; où il fut deux jours à découvert sur un lit d'honneur.

On y vit accourir une foule immense de peuple qui s'empressait de faire toucher à son cercueil des images, des croix, des médailles et des chapelets.

Les deux jours étant passés, on le mit dans une bière, et on le laissa en dépôt dans le chœur des filles de la Visitation, en attendant ce qui serait délibéré sur la difficulté que faisaient les gens du Roi, qui ne voulaient pas laisser sortir de la ville un gage si précieux.

Enfin tout s'accommoda par l'arrivée

de M. le chevalier de Sales, et de deux chanoines députés de la cathédrale de Genève, qui vinrent demander le corps de leur saint Prélat.

Ce fut le dix-huitième de janvier qu'on le transporta de Lyon ; on le fit passer au milieu de la ville, accompagné des chanoines de Saint-Nizier et d'un nombre presque infini de peuple qui suivait son corps en pleurant et soupirant ; et vraiment, qui eût pu retenir ses larmes à la présence d'un objet si saint, puisque ceux-mêmes qui étaient absents témoignèrent une extrême douleur de cette mort. Le duc de Savoie dit au père Dom Jean de saint François, supérieur général de la congrégation des Feuillans, que le plus grand homme de l'Europe était mort, et qu'il était digne d'être pleuré avec des larmes de sang. Ce bon prince voulut avoir sa bague épiscopale, et la princesse sa belle-fille, la croix qu'il portait au cou.

Sur la route de Lyon à Anneci, les peuples vinrent en procession au devant du saint corps, et on vit même des seigneurs de grande qualité, qui coururent en poste plus de trois lieues pour avoir le bonheur de baiser son cercueil.

Lorsqu'on fut arrivé à Anneci, on le déposa au faubourg de cette ville dans l'église du Saint-Sépulcre, jusqu'à ce que tout fût préparé pour le recevoir dans l'église cathédrale.

Jamais un cercueil n'a été arrosé d'autant de larmes que celui-ci; car en un instant toute la ville fut déserte pour courir au devant de lui. *Ah! mon Dieu, disait-on, que ferons-nous? notre Pasteur est mort.* Les enfants soupiraient après leur père, les pères et les mères après leur directeur; les pauvres après leur bienfaiteur, et tout le monde après un homme qui était tout à tous.

Quelques jours après on fit ses obsèques, et Jean François de Sales son frère et son successeur alla prendre le corps, suivi de tout le chapitre de la cathédrale de Genève, de tous les Religieux, et en général de toute la ville d'Anneci, qui l'accompagna jusqu'à l'église de Saint-François, où le corps fut posé dans la nef, sur un lit d'honneur. Le nouvel évêque eut le courage, malgré sa profonde douleur, de faire l'office, après lequel le père Philibert de Bonneville, provincial des pères Capucins, fit l'oraison funèbre. Enfin, le service étant fini, on rapporta le corps dans l'église des Dames de la Visitation : et on rendit à ses très-chères filles ce précieux dépôt.

CINQUIÈME PARTIE.

CHAPITRE Ier.

SES RELIQUES VIVANTES DANS LES RELIGIEUSES DE LA VISITATION.

Le saint Evêque de Genève a laissé des héritiers de sa vie, des images vivantes de ses vertus, et des reliques animées du même esprit que Dieu lui avait inspiré. Ce sont ses chères filles de la Visitation qui sont comme les branches de cet arbre, les ruisseaux de ce fleuve et les rayons de ce soleil.

Dieu qui voyait ce grand cœur, et cet esprit universel à qui tout le monde n'était qu'un pays de conquête , et qui n'était occupé qu'à élever au Seigneur des trophées de gloire et d'immortalité , l'embrâsait tous les jours d'une plus vive ardeur pour le salut des ames. Ce qui fit dire à un seigneur de qualité et d'une vertu peu commune , qui avait étudié long-temps la vie et les actions de notre Saint, que Dieu l'avait mis dans le monde comme un ange visible, qui exécutait avec une fidélité invariable les desseins de la divine Providence sur le genre humain ; de sorte qu'on aurait pu marquer sur tous ses ouvrages : *C'est ici le doigt de Dieu* (1). Mais quoique en vérité ce titre soit dû à toutes ses actions , il y a cependant un chef-d'œuvre dans sa vie , et un monument éternel qui mérite spécialement ce nom , et où l'on doit marquer avec les rayons du soleil : *C'est ici le doigt de Dieu*

---

(1) Digitus Dei est hìc. (Exod. 8. v. 19).

et l'ouvrage du Très-Haut. Oui, ce titre appartient par excellence à l'ordre de la Visitation; et quand St. François de Sales n'aurait jamais rien fait que de coopérer à l'établissement de cette œuvre de Dieu, il serait vrai de dire qu'il aura jusqu'à la fin des siècles des reliques vivantes qui conserveront son esprit, et qui feront revivre sa mémoire sur les montagnes de Sion.

Que de chants de victoire sortiront à jamais de la bouche de tant de servantes de son bon maître, qui ont jeté sous le térébinthe de Sichem, tous les restes du monde et toutes les idoles de la terre! Combien de veuves et de vierges chrétiennes chantent maintenant sur les rivages du Jourdain, et après quelques années publieront dans la terre promise que c'est sous la conduite de ce sage Moïse, et par la main de cet heureux Josué, que Dieu les a tirées de l'Egypte, a brisé les liens de leur captivité, et a desséché les eaux du Jourdain pour leur ouvrir un libre passage jusqu'à la montagne où l'on voit le Dieu d'Israël !

Rien que de céleste et de divin dans la fondation de ce saint ordre. Notre Saint étant en oraison dans la chapelle du château de Sales, Dieu lui fit voir, comme dans un tableau, les premières idées et le premier crayon d'une sainte assemblée de filles, qui devait bientôt remplir le monde d'une suave odeur de sainteté.

Ce même Dieu dont la Providence conduit avec une admirable sagesse l'accomplissement de ses desseins, toucha le cœur d'une dame de qualité, dont les inclinations étaient toutes pour la vertu. C'était la baronne de Chantal qui, quoique encore jeune, et à l'âge où plusieurs ont coutume de se remarier, voulut néanmoins demeurer dans la viduité, élevant dans l'amour et la crainte de Dieu, plusieurs enfants que son époux lui avait laissés. Elle chercha d'abord à vivre saintement dans une vie commune, telle que la doivent mener les personnes de son rang et de sa qualité. Mais comme les lumières du ciel sont semblables à celles de l'aurore, qui croissent toujours, elle passa de ce premier dessein à un second qui fut de se consacrer plus intimement à Dieu, et de lui vouer sa chasteté. Son cœur soupirait encore après une plus parfaite union avec le céleste Epoux, et elle désirait ardemment se voir dans des liens plus étroits et dans une vie plus parfaite. C'est pourquoi elle priait sans cesse, demandant à Dieu un interprète de ses volontés, et un homme qui la pût diriger.

Enfin ses vœux furent exaucés, et après de longues prières, le Ciel lui accorda l'assurance de ce qu'elle avait demandé; Dieu lui fit voir le portrait de celui qui lui devait servir de directeur, de maître et de père spirituel. Elle le voit, elle l'admire, et elle le contemple si à loisir, qu'après trois ans, assistant pour la première fois à un sermon de saint François de Sales, elle reconnut que c'était lui que Dieu lui avait montré si long-temps auparavant. Elle sentit dès lors une forte union de son ame à l'esprit de vertu qui reluisait dans les actions de ce Prélat. Toutes les paroles de l'homme de Dieu étaient des flèches qui passaient si avant dans le fond de son cœur, qu'elle ne pouvait douter que Dieu n'eût comme attaché son salut, ou pour le moins sa perfection, à la conduite de ce Saint. Mais d'un côté voyant la distance qu'il y avait entre Dijon et Anneci, et de l'autre s'étant déjà comme arrêté à la direction d'un très-bon religieux, elle ne pouvait se résoudre à prier notre Saint de la recevoir au nombre de ses filles spirituelles.

Aussi le moment n'en était pas encore venu ; et ce ne fut que quelques jours seulement avant que l'Evêque de Genève dût quitter Dijon, que se sentant pressée par les sollicitations de sa conscience, elle le supplia de l'entendre en confession, ce qu'il ne jugea pas d'abord à propos de lui accorder. Toutefois il y condescendit ensuite, et alors ces deux cœurs firent mutuellement une union si sainte, que notre Saint étant sur son départ, lui dit que Dieu le poussait fortement à prendre un soin particulier de son ame ; et en partant il lui écrivit un billet qui ne contenait que ces paroles :

« Dieu, à ce qu'il me semble, m'a
» donné à vous ; je m'en assure de plus
» en plus ; c'est tout ce que je vous puis
» dire maintenant. Recommandez-moi à
» votre bon ange. »

Peu de temps après elle tomba dans un trouble de conscience qui lui fit souhaiter avec plus d'ardeur que jamais la direction de ce sage Prélat ; de sorte qu'après trente heures de tourment, elle résolut de chercher quelque consolation en déchargeant son cœur, et déclarant tout ce qui se passait dans son intérieur, à son confesseur le père de Villars, recteur du collége de la Compagnie de Jésus à Dijon, qui l'ayant entendue, lui dit que c'était la volonté de Dieu qu'elle vécût sous la conduite de Monsieur de Genève; et que non-seulement elle pouvait se déterminer à passer sa vie sous la direction de ce saint Prélat, mais que si elle ne le faisait pas elle résisterait à l'esprit de Dieu.

Elle écrivit donc aussitôt à notre Saint ce qui s'était passé; il lui répondit que l'affaire était de conséquence, qu'il fallait la recommander à Dieu très-fortement, et prendre du temps, afin que l'inspiration de Dieu fût suivie, sans mélange d'aucune considération humaine.

Pendant qu'ils cherchaient l'un et l'autre à obtenir les lumières du Ciel par des prières ferventes, le P. de Villars dit à la baronne de Chantal, pour la seconde fois, qu'elle s'opposerait aux desseins de Dieu si elle ne se mettait pas sous la conduite de Monsieur de Sales; et presqu'en même temps, un père Capucin, d'une vertu qui n'était pas commune, l'assura que Dieu lui avait révélé durant la sainte messe, que c'était sa volonté ; elle en donna avis à l'Evêque de Genève, qui lui répondit qu'il fallait qu'ils eussent une entrevue, et l'engagea à faire un voyage à Saint-Claude où il devait aller.

Saint François de Sales, dans ses entreprises et ses plus saintes occupations, demeurait si détaché des créatures, que hors Dieu et les intérêts de sa gloire, tout lui était indifférent. C'est pourquoi, dans l'entretien qu'il eut avec cette vertueuse dame à St-Claude, il lui dit que nonobstant tous les désirs et tous les mouvements intérieurs que Dieu lui avait donnés pour sa direction, si néanmoins le même Dieu lui faisait connaître qu'il y voulût employer un autre que lui, il la remettrait à l'instant entre ses mains avec une parfaite indifférence ; mais qu'au reste, puisque c'était la volonté de Dieu qu'il se chargeât actuellement de sa conduite, elle n'avait qu'à lui laisser le soin de cet emploi sans s'inquiéter de rien, et qu'il s'en acquitterait de bon cœur pour en rendre compte au maître qui le lui confiait.

Sous la direction de ce saint Prélat, la baronne de Chantal fit de grands progrès dans la vertu. Elle soupirait après une séparation entière du monde et des créatures, pour s'occuper uniquement du céleste Epoux ; c'est pourquoi elle pensait à entrer dans un ordre religieux, et même elle sentit quelque inclination pour la vie des Carmélites ; mais son plus fort desir était de quitter tout et de se donner totalement à son Dieu ; sur quoi elle écrivit à notre saint Prélat, qui lui répondit :

« Ma fille, vous me demandez que je
» vous dise si je ne pense pas qu'un
» jour vous quitterez tout-à-fait toutes les
» choses de ce monde pour notre Dieu,
» et que je ne vous le cache pas, mais

» que je vous laisse cette chère espé-
» rance. O doux Jésus ! que vous dirais-
» je ? sa bonté sait que j'ai fort souvent
» pensé sur ce point, et que j'ai imploré
» sa sainte grâce au saint sacrifice et
» ailleurs ; et non-seulement cela, mais
» j'y ai employé la dévotion et les prières
» des autres meilleurs que moi. Et qu'ai-
» je appris jusqu'à présent ? qu'un jour,
» ma fille, vous devez tout quitter : je
» dis tout. Mais que ce soit pour entrer
» dans un ordre religieux, j'en suis en-
» core en doute, et je ne vois rien qui
» me convie à le désirer.

» Demeurez, ma fille, résignée entre
» les mains de Notre-Seigneur. Donnez-
» lui le reste de vos années, suppliez-le
» qu'il les emploie au genre de vie qui
» lui sera le plus agréable ; et ne préoc-
» cupez point votre esprit par de vaines
» promesses de tranquillité, de goût et
» de mérite, mais présentez votre cœur
» à votre Epoux, totalement vide de

» toute autre affection que de son chaste
» amour (1). »

De là il était aisé de voir que c'était Dieu qui préparait le champ où cette fleur devait être plantée, et que la main de saint François de Sales ne servirait qu'à l'arroser et à la mettre dans le sol qui lui serait le plus convenable et le plus propre, conformément aux volontés et aux desseins de Dieu; ce qui paraît encore plus clairement dans une autre lettre qu'il écrivit à cette chère dame, et où il lui mandait que, s'étant informé des particularités de la vie de sainte Françoise nouvellement canonisée, un de ses amis, qui s'était trouvé à sa canonisation, lui avait dit qu'elle avait été quarante ans mariée, et qu'en sa viduité elle érigea une congrégation de veuves qui demeuraient ensem-

---

(1) 107ᵉ lettre, tom. 1, pag. 542 et 544, édit. de Blaise, 1821.

ble en une maison dans laquelle elles observaient une vie religieuse, et que personne n'entrait en leur maison que pour de graves raisons ; que néanmoins elles sortaient pour servir les pauvres et les malades, en quoi principalement consistait leur exercice particulier : « Vive Dieu ! » ma chère fille, concluait-il, et qu'à ja- » mais il règne dans les cœurs, je n'avais » rien su de tout cela quand je vous par- » lais et à nos bonnes veuves de Dijon. »

Il est donc certain que ce n'est pas par le conseil des hommes, mais par un dessein particulier de la divine Providence, que l'ordre de la Visitation fut établi, vu que celui même qui en devait être le chef, ne pensait pas à en faire un ordre religieux, lorsqu'il jeta les fondements de ce grand édifice. Dieu donc fit insensiblement descendre cette cité céleste sur les terres d'Anneci, et notre Saint ne servit que d'instrument à la volonté divine.

La première qui ressentit les rayons de

ce soleil, comme nous avons dit, fut la digne mère de Chantal qui quitta ses parents et son pays pour aller à Anneci vivre dans une profonde retraite, où elle eut pour compagnes et pour coadjutrices les mères Favre et de Bréchard qui, inspirées du même esprit, l'avaient toutes deux voulu imiter et se donner totalement à Dieu sous l'heureuse conduite de notre saint prélat.

Il fallait que ces trois dames devinssent, sous sa direction, des colonnes pour soutenir l'édifice du nouvel ordre; il fallait qu'il rendît leurs cœurs et leurs esprits comme autant de rochers inébranlables, pour jeter les premiers fondements de cette petite Sion.

Elles firent un an de noviciat, qu'elles passèrent en prières, en mortifications et en divers exercices de piété, qui étaient comme autant de semences qu'elles jetaient en terre, afin d'en faire la récolte lorsque le temps serait venu.

En attendant, comme l'odeur de la vertu ne peut demeurer long-temps sans se faire sentir, ce parfum répandit au loin une odeur si douce, que l'on y accourut de tous côtés ; et sur la fin de l'année il y avait déjà plusieurs dames de qualité et de mérite qui s'étaient associées à cette sainte Communauté, et qui, après avoir promis l'obéissance à leur très-digne mère, madame de Chantal, prirent l'habit et le nom de ses très-humbles filles.

Après la première année passée dans les exercices du noviciat, le saint jugea à propos qu'elles s'occupassent à des œuvres de charité. Les unes s'employèrent donc à faire les lits des malades, blanchir leur linge, panser leurs ulcères, instruire les moribonds, ensevelir les morts, tandis que les autres s'occupaient dans leur petite maison à préparer quelques bouillons et quelques restaurants pour les infirmes, ou à chercher quelque moyen pour subvenir à leurs nécessités. Ce qui fut cause que leur saint directeur les appela du nom de filles de la Visitation, à cause des visites qu'elles faisaient aux pauvres malades.

Ensuite quelques dames de Lyon vinrent à Anneci, et furent frappées de cette éminente vertu et du grand profit tant spirituel que temporel que les pauvres retiraient d'une si insigne charité. Elles furent encore vivement touchées par le décès d'une très-bonne sœur qu'elles virent mourir saintement. C'est pourquoi elles résolurent d'imiter ce qu'elles avaient admiré, et dès qu'elles furent à Lyon, elles dirent partout que si on voulait faire dans cette ville ce qu'elles avaient vu à Anneci, on rendrait le service le plus important aux pauvres et aux malades.

On fit cet établissement ; mais monsieur de Marquemont, archevêque de Lyon, jugea à propos de mettre des limites à leur zèle pour le service du prochain, et de lier ces pieuses servantes de Dieu par des vœux solennels et par une étroite clôture, afin que tant de filles d'honneur, de mérite et de qualité, qui s'y engageaient tous les jours pour vivre saintement, n'eussent point occasion de chanceler parmi les diverses rencontres où la faiblesse de leur sexe eût pu, avec le temps, trouver quelque occasion d'inconstance.

Cependant notre Saint qui, comme il dit lui-même en une de ses lettres, était grand partisan des infirmes, sentit d'abord un peu de répugnance à ce changement de projet, non-seulement parce que la clôture empêcherait de pouvoir aller servir les malades, mais encore à cause que sa première institution était moins éclatante, et parce qu'il voyait que les établir dans une forme de religion, c'était exclure plusieurs filles qui n'auraient pas assez de courage pour se renfermer dans un cloître.

Comme il vit néanmoins que c'était le désir du sage archevêque, il y acquiesça et conclut avec lui que les maisons de la

Visitation seraient sujettes à la clôture, et qu'on demanderait à Rome l'érection de cette congrégation en ordre religieux.

Je ne puis m'empêcher d'admirer en ceci sa grande soumission aux volontés d'autrui, et son esprit de parfaite indifférence qui lui fit faire cet acquiescement avec une douceur et une tranquillité d'ame extraordinaire.

Il donna une autre preuve encore plus admirable de son entier abandon aux volontés de Dieu. Ce fut quand on le vint avertir, dès le commencement de cette congrégation, que la personne qu'il croyait en devoir être la mère et la fondatrice, était bien proche de sa fin ; il alla voir cette sainte agonisante, et étant près de son lit, sans témoigner aucune altération, il lui tint ce discours :

« Eh bien ! ma chère fille, peut-être
» que Notre-Seigneur veut se contenter
» de notre essai, et du désir que nous
» avons eu de lui dresser cette petite

» compagnie, comme il se contenta de la
» volonté qu'eut Abraham de lui sacrifier
» son Isaac. Si cela est, et qu'il lui plaise
» que nous nous en retournions du milieu
» du chemin, sa volonté soit faite ! »

Dieu cependant témoigna vouloir qu'ils continuassent leur route, et qu'ils participassent à la bénédiction d'Abraham qui, après avoir été sur le point d'immoler son fils, eut par ce cher enfant une postérité innombrable. Ainsi il rendit la santé à la mère de Chantal, et disposa en faveur de ces saintes filles le cœur de son vicaire sur la terre, en sorte que dès que la forme de cette compagnie eut été présentée au pape Paul V, elle fut approuvée, et établie en titre d'ordre religieux avec toutes les prérogatives dont jouissent les autres ordres.

Or comme l'esprit de ce nouvel ordre était un esprit de douceur, on lui donna des règles pleines de douceur et d'amour, ce sont celles du grand saint Augustin, qui est un des cœurs les plus doux et les plus aimants qui aient jamais été. Ensuite, comme ces règles n'étaient à ces pieuses sœurs qu'une grande voie lactée, toute parsemée de flammes, saint François de Sales y ajouta des constitutions qui furent comme autant d'étoiles sur cette voie, afin qu'ayant d'un côté un chemin tracé pour leur perfection, elles eussent de l'autre des flambeaux pour y marcher; et que voyant ce qu'il leur fallait faire, elles sussent aussi comment elles le devaient exécuter.

Voilà donc ces torrents de douceur, de bonté et de miséricorde, à présent renfermés entre quatre murailles; tous ces astres sont voilés, et ces cœurs charitables qui étaient la vie, le secours et l'allégement de tant de pauvres malades, semblent être épuisés.

Mais quelle joie dans le ciel, et parmi tous les anges, de voir ces saintes ames qui, après avoir enseigné la charité au monde, et en avoir fait des leçons publiques, pratiquent au dedans ce qu'elles avaient fait au dehors ; et se font elles-mêmes un hôpital, ou plutôt un grand temple dans leurs cœurs, où elles s'occupent à vivre dans la paix et le repos par la victoire sur toutes leurs passions. Ces anges de la terre, pour être plus unies à Dieu, se donnent tout à lui, et font de toutes leurs pensées, de toutes leurs actions et de tous leurs désirs, un sacrifice continuel à sa divine majesté ; en sorte que leur vie et l'esprit principal de leur ordre, est un esprit d'amour, d'humilité et de douceur, c'est-à-dire un véritable martyre, et un sacrifice perpétuel de toutes les puissances de leur ame et de leur corps.

Il semble donc que cet ordre religieux manquait à l'Eglise, et qu'il fallait encore cet asile à une infinité d'ames prédestinées qui, voulant faire divorce avec le monde, et s'éloigner des écueils qui sont sur une mer si dangereuse, n'ayant pas néanmoins des corps assez robustes pour soutenir les peines et les austérités d'une vie solitaire, d'un vêtement rigoureux et d'une abstinence sévère, étaient comme contraintes de demeurer dans le monde malgré leur désir de le quitter.

Mais aussitôt que Dieu eut ouvert cette pieuse Jérusalem, et que les filles de Sion eurent senti les fleurs de ce nouveau jardin où les appelait l'époux de leurs ames, elles coururent à l'odeur des parfums qui s'exhalaient d'une vie si douce. Les infirmités ne les en exclurent point; car c'est une loi inviolable de la Visitation, de n'y introduire jamais, ni directement, ni indirectement, aucune austérité qui soit d'obligation ou de coutume générale, excepté le petit nombre de celles qui y ont été établies dès le commencement, afin que les infirmes et les faibles, aussi bien que les saines et les robustes, puissent entrer au festin de l'Agneau.

« Oui, disait ce saint Prélat dans une
» lettre qu'il écrivait à une Supérieure
» de son ordre, oui, ma chère fille, re-
» cevez les infirmes, sans écouter la pru-
» dence humaine qui est ennemie de
» Jésus crucifié. Recevez charitablement
» les boiteuses, les borgnes, les aveu-
» gles, les bossues, les illégitimes et
» celles dont les parents ont été exécu-
» tés ; car elles n'en peuvent davantage.
» Quelque laides et défectueuses que
» soient les filles, il n'importe, pourvu
» qu'elles veuillent être droites d'inten-
» tion ; et si on persévère à exercer la
» charité à l'égard de celles qui ont ces
» imperfections corporelles, Dieu en fera
» venir, contre la prudence humaine, une
» quantité de belles et agréables, même
» selon le gré des gens du monde. »

Voilà pourquoi il ordonna que l'on re-
çût aussi les veuves, à condition néanmoins que si elles avaient des enfants,
elles en fussent déchargées légitimement,

selon qu'il serait décidé par des personnes de conseil et d'autorité, et qu'elles eussent un esprit disposé à vivre saintement dans l'humilité, l'obéissance, la douceur, la simplicité et la sainte charité.

Si l'on veut savoir quel est en général l'esprit de la Visitation, je dis premièrement que c'est un esprit d'union à Dieu, et que toutes les pensées, tous les désirs, toutes les intentions et tous les sentiments y sont autant de traits qui vont droit à Dieu, et autant de liens qui font un nœud sacré d'amour et de charité.

Mais comme cet esprit est commun aux ordres religieux qui ne doivent avoir d'autre but que d'unir l'ame à Dieu, il y a un esprit particulier de la Visitation, dont voici la qualité essentielle. C'est un esprit qui, quoique amateur du silence, des mortifications, de la solitude, et en général de toutes les vertus, ne consiste néanmoins ni dans le silence, ni dans la solitude, ni dans les pénitences; mais particulièrement dans la douceur et dans l'humilité.

Voila l'esprit de la Visitation, l'esprit de saint François de Sales qui a voulu que ses chères filles fussent les héritières des vertus qu'il a particulièrement enseignées, chéries et pratiquées.

C'est donc par cet esprit que les filles de la Visitation montent au ciel, et se tiennent toujours abaissées dans le sentiment de leur petitesse ; c'est avec ces deux bras qu'elles embrassent le Créateur et les créatures, et qu'elles ont un œil toujours attaché sur Dieu, et un autre sur le prochain.

C'est par l'humilité qu'elles descendent dans leur néant, et que de là elles contemplent Dieu pour se soumettre entièrement à ses volontés qui leur sont déclarées dans leurs règles, et pour s'unir à lui comme au centre divin de leur cœur ; en sorte que leur esprit est toujours plié sous l'aimable conduite de Dieu, et que leur vie est semblable à celle des Anges qui ne vivent qu'en Dieu et ne s'occupent qu'à lui plaire.

En même temps par la douceur de leur esprit et de leur cœur, elles s'unissent au prochain, elles sont autant d'abeilles qui n'ont que du miel pour les autres ; et si elles portent un aiguillon, ce n'est que pour se piquer elles-mêmes d'une ardeur toute sainte et d'un zèle continuel à faire tout ce qui leur est prescrit, et à le faire ponctuellement avec toute la perfection qui leur est possible.

Il est donc certain que l'esprit de douceur est tellement l'esprit de la Visitation que, comme l'a dit son sage instituteur, quiconque voudrait y introduire plus d'austérités qu'il n'y en a maintenant, détruirait incontinent la Visitation, parce que ce serait contre la fin pour laquelle elle a été instituée, qui est de recevoir les femmes et les filles qui n'ont pas le corps assez fort pour entreprendre de s'unir à

Dieu par la voie des mortifications que l'on pratique dans les autres ordres religieux. Que si quelque sœur d'une meilleure complexion voulait, même en secret, faire quelque autre austérité que celles de sa règle ; *ah!* disait-il, *il n'y a point de secret qui ne passe à une autre ; et ainsi de l'une à l'autre, on viendrait à faire des religions dans les religions et de petites ligues, et tout serait dissipé.*

Si donc il se fût rencontré quelque ame généreuse, qui eût voulu faire plus que la communauté, par l'espérance de parvenir au premier degré de la perfection dans un quart d'heure, saint François de Sales lui eût conseillé de se soumettre à ne vouloir être parfaite que dans trois jours, allant le train des autres.

C'est assez pour une fille de la Visitation de vivre sous les lois de cet esprit d'humilité qui veut qu'elle ne fasse jamais sa propre volonté, ni rien plus que les autres et que toute la communauté.

Par ce moyen toute sa vie est un spectacle aux yeux du ciel ; et le petit tyran qu'on appelle communément la nature ou l'amour-propre se trouve banni et exilé des terres de la Visitation.

Les filles de cet ordre doivent donc mettre tout leur soin à extirper leur propre volonté ; et si elles recherchent quelqu'autre pénitence qui ne leur soit pas commandée, je leur dirai, avec celui que Dieu leur a donné pour maître et pour premier directeur, que c'est une dangereuse tentation de penser à rompre des vœux sous prétexte de se mortifier, de présumer être bonne pour la solitude, sans être bonne pour la congrégation ; de vouloir vivre à soi-même pour mieux vivre à Dieu ; et de chercher à avoir l'entière jouissance de sa propre volonté, pour mieux faire la volonté de Dieu.

L'esprit de la Visitation peut donc être appelé un esprit continuel de mortification; mais cette pénitence et cette mortification qui n'a point de relâche, est de crucifier continuellement l'amour-propre et de vivre dans une abnégation perpétuelle de sa propre volonté, en sorte que si l'on voyait quelque sœur qui eût des ravissements par lesquels elle montât au-dessus d'elle-même en Dieu, et qui, néanmoins, n'eût point d'extase en sa vie, c'est-à-dire ne menât pas une vie crucifiée en Dieu, par l'abnégation de tous ses désirs et de toutes ses volontés ou inclinations naturelles, et par une intérieure douceur et humilité, on devrait croire que tous ces ravissements seraient dangereux et propres à la faire admirer, mais non à la sanctifier ; car quel bien peut avoir une ame, d'être ravie en Dieu par l'oraison, si dans sa vie et sa conduite elle se laisse entraîner par des affections terrestres, basses et naturelles?

Or, afin que le temps qui a coutume d'altérer toutes choses ne vînt à ralentir et étouffer les premières vertus de cet institut qui s'est, par la grâce de Dieu, répandu dans la Savoie et dans toute la France, son saint instituteur voulut premièrement que tous ses monastères fussent sujets aux évêques des diocèses où ils sont érigés, et que leur général fut le même que Dieu a établi pour son vicaire en terre et pour le chef de toute son Eglise, afin que, par les influences de ce soleil et les lumières de ces astres qui ne s'éteindront jamais, l'esprit de son ordre fût toujours conservé dans son premier état.

Secondement, il ordonna que toutes les maisons fussent dans un respect plein d'amour et de reconnaissance pour la maison d'Anneci, parce qu'elle était l'origine et le germe de tout l'ordre.

Troisièmement, pour nourrir ses chères filles en des occupations d'esprit conformes à leur institut et à l'esprit particulier de la Visitation, il leur donna sept exercices où il leur apprend, avec une industrie incomparable, les qualités qui sont comme l'essence et l'ame de leur ordre.

Dans le premier, il fait comme une bonne mère qui tient ses enfants dans son sein, qui leur donne du lait, et qui cherche insensiblement tous les moyens pour subvenir à la faiblesse de leur âge. « Eh bien ! mes chères filles, leur dit-il,
» vous devez être des enfants qui n'ont
» de volonté que celle de leur père et de
» leur mère. Prenez donc pour modèle et
» pour exemple le petit Jésus, occupez-
» vous souvent de cette divine enfance,
» et soyez comme lui des enfants sans
» passion, sans désir et sans volonté. »
C'est encore pour leur faire pratiquer ce premier enseignement, qu'il leur a ordonné de rendre compte une fois tous les mois à leur supérieure, comme à leur bonne mère ; et qu'il a voulu qn'on leur donnât à chacune, le premier jour de l'an, une sœur qui leur servît d'aide spirituelle, et comme d'ange visible pour les soutenir par ses avis et ses conseils.

Voilà, sans doute, un secret admirable pour les tenir toute leur vie dans l'humilité et dans cette enfance où Dieu se plaît à voir ses épouses. Ce n'est encore cependant qu'un prélude pour les former à la sainte douceur et à l'humble condescendance qui enseigne à souffrir et à se dépouiller de tous ses intérêts pour l'amour du prochain.

Afin de les y conduire, il leur prescrivit un second exercice sur les aimables souffrances de Jésus ; afin que le voyant dans les pleurs, dans la douleur, dans l'agonie, sur la croix, et enfin à la mort et dans le tombeau, elles le suivent en esprit comme ses sœurs, et comme filles de sa Mère, pour lui conserver avec elle tout leur amour, toutes leurs peines, toutes leurs douleurs, et même s'ensevelir avec lui jusque dans son sépulcre, en mourant au vieil homme pour vivre de l'homme nouveau.

Le même motif lui fit donner à ses filles

pour troisième exercice, la méditation des principales vertus que Jésus-Christ a pratiquées durant sa vie; afin qu'en le contemplant, elles conçoivent le désir de se rendre semblables à ce divin modèle.

C'est le secret dont notre saint Prélat se sert non-seulement pour détacher ses filles des liens qui peuvent captiver un cœur, mais encore pour les dépouiller entièrement de leurs opinions, de leur jugement et de leur volonté. Aussi leur donne-t-il pour quatrième exercice, celui du dépouillement de soi-même où ces chères amantes de Jésus, après avoir trouvé la sainte liberté dans leur servitude, et la gloire dans leur anéantissement, demeurent en Dieu comme dans leur asile, et sont toutes glorieuses de vivre et mourir dans le cœur de Jésus, comme autant de phénix au milieu des flammes, afin que tout ce qu'elles sont et seront à jamais, soit inviolablement pour l'aimable Jésus.

C'est ici le cinquième exercice, qui est

de vivre pour Jésus et dans le cœur de Jésus, sans avoir d'autre volonté que celle de Jésus. Voilà vraiment vivre de la vie de ce divin Sauveur et de celle de sa très sainte Mère, et c'est par conséquent la véritable vie des filles de Jésus et de sainte Marie.

Eh! donc, mes chers sœurs, heureuses filles de Jésus et de Marie, vivez heureusement dans le sein de Jésus et dans le cœur de Marie; et puisque vous avez l'honneur d'être les filles de sainte Marie, soyez comme la Mère de Dieu entièrement et uniquement à Jésus, afin que vous étant dépouillées totalement de vous-mêmes et de tout ce qui peut être en vous trop naturel et trop humain, vous ne viviez qu'en lui, et dans un abandon général entre les bras de son amour et de sa providence.

Voilà, mes chères sœurs, le sixième exercice que notre Saint vous a donné, qui est de vous abandonner vous-mêmes dans le cœur de l'aimable Jésus, afin que tout ce que vous ferez, et tout ce qui se passera dans vos ames, soit fait par l'amour et selon le bon plaisir du cœur aimable de Jésus, auquel, par lequel et dans lequel vous devez vivre et mourir. De là vous passerez jusqu'à l'union totale et à l'attachement parfait aux volontés de Dieu qui est l'unique terme de vos désirs, le prix de vos conquêtes et l'assouvissement parfait et général de tout ce que votre amour peut désirer sur la terre ; aussi est-ce le dernier exercice qui vous est ordonné. Voilà votre terre promise.

Mais pour y arriver, par combien de déserts a-t-il fallu passer ! combien de mers et de torrents a-t-il fallu traverser ! combien d'ennemis a-t-il fallu vaincre ! que d'abnégations et de dépouillements de toutes les affections des choses de la terre ! que de délaissements du propre intérêt ! que d'anéantissements de la sensualité ! que de séparations des amitiés et des inclinations de la nature ! que de renoncements aux consolations sensibles ! que de patience dans les adversités ! que de mortifications du jugement et de la volonté propre ! Et combien de fois a-t-il fallu étouffer les anciennes impressions du monde et de la nature, faire divorce avec l'amour-propre, en renonçant aux inquiétudes qui naissent du trop grand attachement aux créatures !

Ce sont là néanmoins les premières stations, les premiers exercices et les victoires journalières d'une fille de la Visitation qui cherche Dieu dans un saint dépouillement de l'ame, qui ne désire que de s'unir à Dieu, et qui a toujours l'œil sur elle-même pour s'établir dans le repos d'esprit, dans la simplicité du cœur et dans la vraie liberté, tandis qu'avec une aimable douceur elle contemple le prochain pour lui rendre mille devoirs, mille supports et mille complaisances, selon les règles d'une humilité pleine de promptitude et de cordialité.

Voilà les fleuves du Paradis terrestre

de la Visitation ; et c'est sur ces eaux que surnage toujours l'esprit de la douceur, de la simplicité, de l'humilité et de la sainte liberté, qui font le véritable esprit de cet ordre religieux.

Or, afin que ces fleuves ne fassent point comme celui des Indes, qui n'a de douceur que sous la terre, saint François de Sales veut que l'esprit de la Visitation se manifeste au dehors, et qu'on voie dans les entretiens et jusque sur les habits de ses chères filles, la douceur tranquille de leur ame, et l'humble simplicité de leur esprit. Il leur défend même de s'égaler à aucun autre ordre de l'Eglise, et leur ordonne de se regarder comme les plus basses et les plus petites de toutes celles qui ont l'honneur de servir Dieu. Il leur déclare très-expressément que si elles perdent cet esprit d'humilité et d'amour pour l'abjection, elles perdront l'esprit de la Visitation, parce que c'est, dit-il, ce mépris de soi-même et cette humilité qui est la source du repos, de la simplicité et de la liberté par lesquelles une ame se dégage de toutes choses pour vivre en Dieu ; c'est par là qu'il lui devient ensuite très-agréable et très-facile de monter avec Jésus-Christ sur le Calvaire pour mourir aux pieds de la croix avec lui, et y être crucifiées spirituellement, en mortifiant les sens extérieurs et encore plus les passions intérieures.

Or, afin que ni la mort, ni la vie, ni toutes les puissances du monde et de l'enfer ne viennent jamais à les séparer de Jésus crucifié, elles sont attachées à la croix avec lui, premièrement par une obéissance prompte, simple, franche et qui non-seulement est établie en la parfaite abnégation de leur propre volonté, mais encore est aveugle et cordiale, malgré toutes les répugnances, tous les dégoûts et toutes les difficultés.

Secondement, elles sont liées par une pauvreté si entière, que leur vie est un dénûment universel et un abandon général par lequel elles renoncent même à l'usage de tout ce qui n'est pas entièrement nécessaire.

Troisièmement, leurs yeux, leurs mains et leurs cœurs ne peuvent avoir des regards, des mouvements et de la vie que pour l'amour de leur céleste Epoux auquel elles sont unies par les liens d'une affection si pure, que pour être plus semblables à lui, elles ne doivent ni parler, ni voir, ni agir, ni même respirer et aspirer que pour lui, en sorte qu'elles vivent en toute honnêteté, pureté, netteté et sainteté de leur esprit, de leurs paroles, de leur maintien et de toutes leurs actions, menant une conduite immaculée et angélique.

En un mot, leur esprit est un esprit de douceur et d'humilité, leur vie le miroir de la pureté, leur intérieur le sanctuaire des grâces célestes, leur extérieur le théâtre des vertus, leur visage un portrait de modestie, et leurs actions, leurs paroles et toute leur conduite, un exemple continuel de prudence, de discrétion et de simplicité, tellement que sur tout leur corps et dans toute leur ame reluisent les traits d'une parfaite piété.

Voilà, mes chers sœurs, ce que vous êtes depuis que vous avez consacré votre ame à Jésus-Christ; vous êtes ses épouses, ses filles, ses disciples, ses fidèles servantes; c'est le saint amour qui vous a mises dans cette union, dans cette filiation, dans ces exercices, dans cette servitude et dans les liens d'un amour mutuel. Vivez donc sous le joug d'une alliance si fortunée, dans la dépendance d'un père si cordial, sous les lois d'un empire si doux, et dans les liens d'un esclavage où c'est régner que de souffrir.

Ah! mes chères sœurs, quel paradis que la Visitation, où Dieu qui n'est qu'amour, se donne tout à vous, et où vous êtes tout à lui pour ne vivre et mourir que pour lui!

Quel paradis où les roses n'ont point d'épines, où les plaisirs sont sans amertume, la douceur sans dissimulation, l'humilité sans artifice, la liberté sans dissipation, la paix sans trouble, la modestie sans ostentation, la dévotion sans scrupule, la prudence sans hypocrisie et les occupations continuelles sans lassitude !

N'est-ce pas là vivre comme les Anges et comme la Reine de ces esprits célestes? Oui, mais ce fut aussi la vie de saint François de Sales, et c'est encore la vie de ses très-chères filles, qui sont les monuments de son esprit, les trophées de ses vertus, les échos de sa voix, les langues de son cœur, les miroirs de son ame, l'ouvrage de ses mains, et comme autant de salamandres (1) qu'il a habituées à vivre dans les flammes du saint amour pour leur apprendre à vivre et à mourir selon l'esprit

---

(1) On dit que les salamandres vivent dans le feu.

de Dieu et de sa sainte Mère, qui sont deux fournaises d'amour.

Poursuivez donc, mes chères sœurs, une si sainte vie ; et puisque vous appartenez, par un titre particulier, à saint François de Sales qui fut offert à Dieu même avant sa naissance, et qui dès sa tendre jeunesse lui fit un sacrifice général de tout ce qu'il était, soyez les rayons de cet astre, les ruisseaux de ce fleuve, les bras de cette mer, les fruits et les fleurs de cet arbre, et les plus fidèles copies de ce beau modèle.

O Dieu ! mes chères sœurs, quelle gloire d'être ce que vous êtes, et de porter le nom que vous portez ! Ah, que rien donc ne le puisse ternir ! Vous êtes les reliques vivantes de saint François de Sales, les chères épouses de Jésus-Christ, et les très-humbles filles de sa sainte Mère.

Voilà votre immortel éloge, vos nobles qualités et l'épitaphe que vous devez graver dans vos cœurs et sur vos tombeaux ; pour moi je vous avoue que je ne puis ici retenir les élans de mon cœur, et qu'après avoir fait vœu d'être à jamais tout à celui dont vous êtes les épouses, et à celle dont vous êtes les filles, il faut encore que je conclue avec vous par cet élan d'amour : *O le Dieu de mon cœur, et de toutes mes espérances, mon aimable Jésus, je suis donc tout à vous, et je ne veux vivre et mourir qu'en qualité de votre serviteur et de fils de votre servante.*

CHAPITRE II.

SES RELIQUES PARLANTES DANS SES ÉCRITS.

Il y a seize ou dix-sept ans qu'un des plus rares esprits de ce siècle fit un recueil des divers exercices et de quelques pensées, avis, conseils et sentiments de notre Saint, qu'il appela du nom de ses reliques, comme en effet ce sont, après ses chères filles, les plus beaux traits de son esprit, les plus vives images de sa vertu et des marques très-infaillibles de sa parfaite sainteté.

Il n'y a personne qui ignore qu'entre tous les pieux écrivains qui ont tâché de nous peindre la dévotion, et de nous faire voir les beautés et les attraits de son visage, aucun n'a jamais eu des couleurs plus agréables et un pinceau plus doux et plus charmant que saint François de Sales ; et on ne doit pas s'en étonner, puisque sa vie parlait même avant ses paroles, et que toutes les lignes de ses livres n'étaient que des écoulements et des émanations de la vertu et de la piété qui surabondait dans son cœur.

C'est une vérité qui parut clairement dans son premier ouvrage, lequel contient une défense de la croix digne d'un homme destiné par le ciel à relever et à soutenir ce glorieux étendard.

Ensuite il composa l'Introduction à la vie dévote, où il a bien montré qu'on peut pratiquer la dévotion dans le monde et jusque dans le Louvre et au milieu des cours.

Ce fut par cet admirable livre qu'il convainquit une foule de personnes, que dans une vie commune on peut mener la vie d'un saint, et qu'il n'est pas besoin de devenir farouche et de se rendre sauvage, pour pratiquer la dévotion.

Voilà l'excellente instruction qu'il y donne sans cesse à Philothée, qui a fait plus de conversions dans le monde, que ne fit autrefois de miracles la verge de Moïse dans la cour de Pharaon ; aussi dans cet admirable ouvrage notre Saint n'était que l'instrument et l'interprète de Dieu qui lui faisait sentir tout ce qu'il écrivait. Et l'on peut à juste titre appeler ce livre l'arbre de science et de vie, où la curiosité et la sagesse humaine n'ont jamais mis la main.

C'est le glaive de Gédéon qui sépare le corps de l'ame ; c'est la rosée qui tombe sur la toison ; c'est la colonne des Israélites qui éclaire durant le jour et pendant la nuit ; c'est une des verges de Jacob qui donne ses couleurs et qui transmet ses qualités dans l'ame de ceux qui y jettent les yeux de leur esprit ; enfin ce sont des paroles qui ont renouvelé la merveille du don des langues, accordée aux Apôtres ; car quoique notre Saint n'eût parlé qu'en français, sa voix fut aussitôt entendue dans l'Italie, dans l'Allemagne, dans l'Espagne, dans l'Angleterre et parmi tous les peuples qui font quelque profession de piété, à cause des versions qui furent faites sans délai en italien, en allemand, en espagnol, en anglais et en latin ; de sorte que ce fut bientôt le livre des nations. Les protestants mêmes ne purent se passer d'un si doux et si profitable entretien; on en a même trouvé qui, s'étant convertis par la lecture de ce livre, l'ont transcrit de leur main, comme le livre de leur prédestination, et ont voulu qu'on y trouvât, après leur mort, leur nom et le témoignage qu'ils l'avaient lu et relu avec un plaisir incroyable et un profit qu'on ne peut exprimer.

C'est donc avec raison qu'un digne prélat de notre France a dit que ce livre n'avait point besoin de recommandation; en effet c'est un livre accompli, le plus judicieux, le plus dévot, le plus charmant, le plus naïf et le plus beau qui puisse être fait sur cet objet.

Mais que dirons-nous de son Traité de l'Amour de Dieu, où il décrit si admirablement l'histoire de la naissance, du progrès, de la décadence, des opérations, propriétés, avantages et excellences de l'amour divin?

Qui ne croirait que cet ouvrage a été composé par ce séraphin qui mit un charbon de feu sur les lèvres d'Isaïe ! Qu'y a-t-il de caché et de mystérieux dans les divins entretiens de la sainte Epouse et du céleste Epoux, qu'il n'ait déclaré en des termes si chastes et si saints qu'on ne peut les lire sans en être aussi édifiés que touchés ?

Il traite dans cet ouvrage les matières scholastiques si moralement, et les morales si onctueusement, qu'on ne peut rien dire de plus solide ni de plus affectueux. L'amour qui en est le principal auteur et l'unique sujet, y est si pur, qu'on doit le regarder comme un ouvrage divin.

Ses entretiens, ses sermons et ses conférences renferment des leçons pleines d'une prudence si aimable, et d'une sainteté si solide, et néanmoins si assortie à notre faiblesse, qu'on peut les appeler les lois de la spiritualité.

Ses épîtres sont des lettres du paradis; et si un ange se servait de plume et d'encre pour nous faire savoir ses pensées, je ne pense pas qu'il pût trouver des mots plus significatifs, des termes mieux choisis, des sujets plus utiles et des preuves plus fortes et plus saintes. Je ne crois pas qu'on les puisse mieux comparer qu'à la manne du désert, qui s'accommodait au goût si différent de tout le peuple d'Israel; car on y trouve des paroles si sentencieuses, un style si concis, des raisons si pressantes et des élans si affectueux et si capables de verser dans une ame un déluge d'amour et de consolation, qu'on ne peut y résister ; et ceux qui les lisent y trouvent des avis si propres à leur naturel et qui touchent si vivement les sentiments intérieurs de leur conscience, qu'ils sont portés à croire que c'est à eux-mêmes qu'elles sont adressées.

Sa doctrine n'est point austère, ses lois ne sont point rigoureuses, et même s'il avait été capable de tomber dans quelque excès, ç'aurait été dans celui de la douceur et d'un épanchement trop franc et trop cordial; mais sa prudence et sa pureté étaient toujours à côté de son cœur et autour de ses lèvres, comme les séraphins au pied du sanctuaire, et tous les traits de son esprit et de sa plume étaient autant de témoignages de sa sainteté. Ceux donc qui désirent de vivre et de parler saintement, et qui ont quelque inclination pour la douceur de la vertu, ou qui sont tant soit peu échauffés d'amour pour la beauté suprême, n'ont qu'à prendre avec une pleine confiance quelqu'un de ses livres, et ils verront que c'est une source de vie et la science des saints écrite dans un style élégant, agréable et naïf, en sorte que toutes ses pensées sont comme autant de rayons du soleil de justice qui font naître dans les ames la vertu, la piété et l'amour divin.

Il y enseigne comment un homme peut être tout à Dieu, tout au roi, tout à son père, tout à sa mère, tout à ses enfants, tout à ses amis et tout à tout le monde,

8.

par des motifs très-saints, puisque, comme il le dit lui-même, le devoir par lequel on est tout aux uns n'est pas contraire au devoir par lequel on est tout aux autres; et c'est assez que celui qui s'est donné à Dieu n'aime rien qui puisse détourner son cœur de Dieu.

Il apprend aux dames comment elles doivent vivre dans le monde, et il insiste principalement sur cette gande vérité, que leur ame doit être tout occupée de Jésus-Christ et s'élever toujours à la considération d'un objet si aimable et si attrayant, afin qu'elles s'éloignent des désirs et des affections du monde, et qu'elles sachent chercher Dieu en toutes choses. « Quand une Dame aura cette in- » clination, dit-il, qu'elle marche à la » bonne foi par le milieu des bonnes ver- » tus, sachant que son port est dans les » bras de Dieu. »

Mais comme l'eau est toujours plus pure en sa source que dans ses ruisseaux, de même c'est tout autre chose de lire cet auteur et d'apprendre les vérités saintes dans l'étude de ses écrits et dans les méditations de ses principes, que d'en feuilleter seulement quelques extraits.

Je me borne donc à dire qu'en général les livres de notre Saint sont autant de tableaux où il a peint les traits de son esprit ; et que de tous les auteurs de notre siècle il n'y en a aucun qui ait écrit avec tant de clarté, tant de solidité, tant de facilité et tant de grâce que ce très-saint Prélat. Au reste ce qu'on y doit le plus admirer, à mon avis, c'est un instinct tout particulier et une impression admirable de la douceur et de la bonté de son cœur qui paraît en ses sentiments et qui est tellement répandue dans tout le cours de ses ouvrages, qu'on ne peut les lire sans se sentir épris d'une sainte passion, non-seulement pour Dieu, mais encore pour l'homme de Dieu par la bouche duquel il semble que Dieu même ait voulu parler.

Les paroles naissaient pour ainsi dire sur ses lèvres, afin d'exprimer nettement et agréablement ses pensées; mais surtout lorsqu'il voulait rendre un sujet clair et intelligible, il avait des comparaisons si naïves, et qui donnaient tant de lustre et d'éclat à ses sentiments, qu'au lieu de rendre ses discours plus rampants par des similitudes ordinaires et tirées des objets communs, il leur donnait par là de la grâce et de l'élévation, et les rendait en même temps plus clairs, plus solides et plus convaincants.

CHAPITRE III.

SES RELIQUES INANIMÉES.

Je ne suis pas du sentiment de ceux qui mettent la plus parfaite sainteté et les vertus les plus héroïques dans des ravissements et des miracles ; mais je dois reconnaître cependant que quand ils sont bien avérés, ce sont tout autant de témoins qui déposent en faveur des Saints et qui publient l'approbation que Dieu a donnée à leur vertu.

Je ne suis donc point surpris de cet océan de grâces, et de ce fleuve de miracles, qui est sorti du sépulcre de notre Saint, et qui a arrosé presque tous les lieux où sa mémoire est en vénération.

Je ne me propose pas de faire ici le recueil de ces innombrables miracles, ni de raconter dans ce livre toutes les grâces que Dieu a faites par son intercession depuis sa mort; le détail en serait immense. Il me suffit presque de dire que ce saint Prélat a pour le moins fait autant de miracles depuis sa mort, qu'il y a de jours qui se sont écoulés depuis ce bienheureux moment ; et qu'en un si grand nombre il y en a plusieurs dont la mémoire n'est écrite que dans le livre de vie, et qui ne seront connus du monde que dans les clartés du dernier jour où les secrets de toutes les consciences seront gravés avec des lumières sensibles au milieu des cœurs et des esprits.

Il y en a d'autres néanmoins qui ont eu un grand nombre de témoins, comme celui qui arriva en la personne de M. Critain, curé de Thône, lequel ayant voulu dire une messe des morts pour notre Saint, fut tout-à-coup saisi d'un aveuglement qui lui fit tomber la patène des mains, et il demeura long-temps près de l'autel sans voir où il était et ce qu'il faisait, jusqu'à ce qu'ayant renoncé à son projet, la vue lui revint.

Quelque temps après un villageois ayant amené sur le tombeau de notre Saint son fils aveugle, celui-ci recouvra la vue en présence de presque autant de personnes qu'il s'en trouvait dans Anneci.

On trouve dans les informations faites de la vie de ce saint Prélat, qu'il a ressuscité des morts, et entre autres la fille de monsieur de la Pesse, conseiller en Genevois, qui, étant tombée dans la rivière de Tiou, n'en avait pu être tirée que long-temps après.

On a pareillement vu des paralytiques, des estropiés, des épileptiques et des personnes couvertes d'ulcères, de chancres et d'apostèmes, qui ont trouvé leur guérison au tombeau de notre Saint; de sorte qu'il n'y a point de maladies auxquelles cette main secourable n'ait rendu la santé par son intercession quand on l'a réclamée avec foi et humilité.

A Lyon, il y a dix ans (1) que Louis-le-Juste étant dangereusement malade, recouvra la santé au seul attouchement du cœur de ce saint Prélat; car aussitôt qu'on l'eût apporté à ce prince, dont la santé était presque désespérée, une fièvre con-

---

(1) Il faut se souvenir que le père Talon a publié la première édition de cette Vie en 1640.

tinue cessa à l'instant, et un abcès qu'il avait dans le milieu du corps, perça au même moment. Aussi en reconnaissance d'une faveur si grande et si publique, ce grand Roi fit don d'un cœur d'or pour y placer la précieuse relique à laquelle il devait le recouvrement de sa santé.

Je pourrais remarquer ici plus de deux cents effets miraculeux que Dieu a opérés par l'intercession de ce saint Prélat, dans la seule ville d'Orléans, et sur tout ce que la France peut savoir, et qui a été publié et reconnu par des vœux solennels et par la voix de tout le peuple; je me bornerai seulement à ce que moi-même, en passant dans cette ville, j'ai appris de la bouche de ceux qui en ont été témoins. Une religieuse d'un monastère de filles qu'on appelle la Madeleine, tomba, l'année 1624, dans une paralysie si générale, qu'elle n'avait presque plus aucun mouvement. De plus elle fut tourmentée cruellement d'une inflammation d'entrailles l'espace de trois mois, avec des douleurs si vives et si continues, qu'enfin les médecins l'abandonnèrent après avoir jugé son mal tout-à-fait incurable; alors elle mit tout son recours en Dieu, voyant que les remèdes humains ne lui pouvaient donner aucun soulagement. Or comme en ce temps-là particulièrement on ne faisait que parler dans Orléans des miracles que notre Saint y faisait tous les jours, elle sentit une secrète inspiration qui l'assurait que, s'adressant à lui, il ne serait pas moins plein de compassion pour ses misères que pour celles de tant d'autres personnes.

Ramassant donc toutes ses forces, elle s'écria doucement : « Ah ! mon Dieu, mon
» Seigneur ! Je vous conjure de me gué-
» rir par les mérites de votre serviteur le
» bienheureux saint François de Sales ;
» je l'espère, mon Dieu ! et je l'attends
» avec toute confiance de votre adorable
» bonté et par les mérites de ce grand
» Saint. »

Ensuite prenant quelques-unes de ses reliques qu'on lui avait données, elle pria que l'on les mît sur son corps, et ensuite sur sa bouche, afin de lui donner le moyen de parler pour faire sa demande plus intelligiblement.

Je ne sais combien de fois elle la réitéra; mais une nuit qu'elle était extraordinairement tourmentée, elle entendit comme de loin une voix bien articulée qui l'assurait qu'elle serait bientôt guérie par les mérites du bienheureux Evêque de Genève.

Le lendemain matin elle entendit la même chose, et ensuite vers les quatre heures du soir, cette voix lui parla clairement, et lui dit d'aller à l'église, et qu'elle était totalement guérie.

Elle obéit aussitôt, et elle sentit comme une main qui l'élevait par les épaules et qui lui aidait à se lever; mais comme elle n'allait que lentement, la même main la poussait par le dos. En même temps elle cria : *miracle*, assurant qu'elle était guérie. En effet il ne lui resta rien que la mémoire de son mal ; et tous ceux qui avaient été les témoins de sa maladie, le furent de sa guérison.

Ce fut en même temps que le père Dom Jean de S. François, supérieur-général des Feuillans, revenant d'Italie, et entrant à Paris sur la fin de l'automne de l'an 1623, dans un temps où la contàgion y était assez universelle, sentit une tumeur sur l'estomac, avec plusieurs autres symptômes qui firent juger aux médecins que c'était infailliblement un charbon pestilentiel.

Son remède fut de mettre sur son mal une petite partie du foie de notre Saint ; ce qui ne fut pas plutôt fait, qu'il se sentit soulagé, et dès le lendemain matin, il reprit les exercices de sa charge.

Je passe à un autre miracle qui arriva à Paris l'an 1634 dans le grand couvent des Carmélites, en la personne de sœur Anne de saint Joseph, en présence de soixante ou quatre vingts religieuses de la même maison, et de plusieurs autres personnes, qui par leurs priviléges particuliers, ou par une permission spéciale, ou par nécessité, avaient pu y entrer.

Je me bornerai à faire ici un abrégé de la déposition de la mère Madeleine de saint Joseph, qui était pour lors supérieure de ce monastère.

Figurez-vous un corps qui n'a presque ni vie, ni mouvement, et qui depuis un an est affligé d'un rhumatisme général, et d'une fièvre lente avec des douleurs inexprimables qui ne lui donnent point de repos ni jour ni nuit.

Voilà l'état où était la sœur Anne de saint Joseph, lorsque son infirmière, voyant que onze ou douze saignées et tous les autres remèdes humains n'avaient servi qu'à irriter le mal, résolut de recourir à Dieu par l'entremise de notre Saint, et de faire un vœu pour obtenir sa guérison.

Mais comme il en fallut auparavant parler à la Supérieure, ce vœu particulier devint bientôt public; car il fut arrêté qu'on en avertirait toutes les autres religieuses, et qu'étant assemblées dans l'infirmerie, on mettrait sur la malade, après quelques prières, une lettre que notre saint Prélat avait écrite de sa main; ce qui fut fait avec résolution de continuer ainsi l'espace de neuf jours.

Cependant les douleurs redoublèrent, et cette pauvre fille qui remuait auparavant un bras, devint toute perclue, et n'attendait que l'heure de sa mort, lorsque vers la fin de sa neuvaine, elle sentit que Dieu avait exaucé ses prières. Elle sortit aussitôt de son lit, et cria la première : *miracle*. La joie fut grande dans la maison. On accompagna la sœur guérie qui alla remercier Dieu devant le saint Sacrement, et ensuite on la suivit en procession jusqu'à un ermitage, situé dans le jardin, où l'on chanta le *Te Deum*. Elle le chanta avec les autres, et rendit ses actions de grâces au saint Evêque qui, après Dieu, avait été son médecin et son libérateur.

(1) Enfin toute la terre sait maintenant que saint François de Sales a rendu la vie à plusieurs morts, donné la vue à des aveugles-nés, la santé à des paralytiques, et fait plusieurs autres miracles qui ont été vérifiés dans le procès de sa canonisation, et reconnus authentiques par la bouche de notre très-saint père le pape Alexandre VII qui l'a solennellement déclaré Saint.

---

(1) Ce dernier alinéa est une addition que le père Talon a inséré dans son édition de 1666, un an après la canonisation de saint François de Sales.

FIN.

TABLE.

pages.

Notice sur le P. Talon.   v

PREMIÈRE PARTIE.

Chapitre Ier L'alliance de la nature avec la grâce dans son enfance.   1

Chap. II. L'union des lettres et de la piété dans ses études.   12

Chap. III. Sa conformité à la volonté de Dieu dans sa vocation à l'état ecclésiastique.   27

Chap. IV. Le portrait d'un prélat accompli dans les fonctions épiscopales de saint François de Sales.   39

SECONDE PARTIE.

Chapitre Ier Sa vie commune.   60
Chap. II. Sa vie apostolique.   68
Chap. III. Sa vie miraculeuse.   97

TROISIÈME PARTIE.

Chapitre Ier Sa conduite dans la direction des ames.   111
Chap. II. Maximes de saint François de Sales.   144

QUATRIÈME PARTIE.

Chapitre Ier. Vrai portrait d'un homme spirituel en saint François de Sales.   160
Chap. II. Tableau de ses vertus.   166
Chap. III. Sa mort.   198

CINQUIÈME PARTIE.

Chapitre Ier Ses reliques vivantes dans les religieuses de la Visitation.   228
Chap. II. Ses reliques parlantes dans ses écrits.   270
Chap. III. Ses reliques inanimées.   280

FIN DE LA TABLE.

OUVRAGES

PUBLIÉS PAR LE MÊME AUTEUR.

GUIDE de ceux qui annoncent la parole de Dieu contenant la doctrine de saint François de Sales, celle de la Société de Jésus et celle de Benoît XIV sur la manière d'annoncer la parole de Dieu, sur l'importance des instructions familières et des catéchismes, 1 vol. in-12.

RELATION ABRÉGÉE des travaux de l'Apôtre du Chablais, (saint François de Sales,) 2 vol in-32. — 1836.

DIVERS SUPPLÉMENTS aux OEuvres de saint François de Sales, 1 vol in 8. — 1837.

ABRÉGÉ DE LA VIE DE ST FRANÇOIS DE SALES, par la sœur de Chaugy, 1 vol in-18. — 1837.

www.ingramcontent.com/pod-product-compliance
Lightning Source LLC
Chambersburg PA
CBHW071336150426
43191CB00007B/759